静学スタイル

独創力を引き出す情熱的サッカー指導術

井田勝通
静岡学園中高サッカー部エキスパートアドバイザー
BANREYORE岡部GM

JN182583

KANZEN

はじめに

子供たちの将来を見据えた指導法

サッカーがスポーツである以上、勝利が最大の目標であることは確かだ。

でも、ただ「勝ちたい」だけではダメだ。

俺は「美しく勝ちたい」。「人を感動させて勝ちたい」と思っているんだ。

なぜなら俺にとって、スポーツは、絵や歌、書と同じ1つの芸術だから。例えば、人々がメジャーリーガーのイチローやプロゴルファーの石川遼に注目するのはなぜなのか……。彼らが勝つところを見たいのもあるだろうが、それだけじゃない。彼らのプレーから、ありきたりの日常では見られない「特別な何か」を見て、感じたい。そういう思いがどこかしらにあるからじゃないだろうか。

そう考えるから、俺は自分が指導する子供たちにも美しいサッカーをしてほしい。そういう気持ちで約50年間、向き合ってきたんだ。

Ｊリーグのユースチームのサッカーを見ていると、どのチームも判で押したように同じようなパスの受け方、相手の崩し方をしていて、全く面白味を感じない。

その原因はマニュアル通りの指導にある。どこもマニュアルに頼っているから、独創性やオリジナリティが生み出されることはない。

俺にとってサッカーは芸術。型通りの練習やフォーメーションから魅力的なプレー、人を驚かすような芸術的なプレーは、決して生まれないんだ。

もちろんマニュアルが全て悪いとは言わない。マニュアルに従えばラクだし、ある程度の結果はすぐについてくる。

特に高校生年代なら、守備の組織練習をしたり、ディフェンスの選手がボールを持ったら大きく相手陣地に蹴りこむなどして失点のリスクを減らせば、負けないサッカーはできるかもしれない。

けれども、「美しく勝つ」ためには、回り道かもしれないけど、与えられたものではなく、子供たちが自分の頭で考え、独特の戦い方や武器を作り出す努力をすることが肝要だ。

そう思って、俺は個人のテクニックやスキルを磨かせることに持てる力の全てを割いてきた。GKがボールを持った時も「蹴らずに投げてつなごう」と指示した。DFにも「大きく蹴り出すことはせず、味方同士で丁寧につなぎながらビルドアップしていこう」と口を酸っぱくして言い続けてきたんだ。

そうやって努力をするんだけど、実際の試合になるとなかなか勝てない。三浦泰年（タイ・プレミアリーグ・チェンマイ前監督）がいた頃には、高校サッカー選手権の静岡県予選決勝で1－6と清水東に大敗した。便所の脇で、悔しくてみんなで泣いたことを今も鮮明に覚えている。

やっぱり勝ちたかった……。

学校や保護者からの「勝ってくれ」というプレッシャーもあった。

何より、ピッチ上でプレーしている子供たちが一番勝ちたかったはずだ。

俺自身だって、「理想を捨てて、ただ蹴って走るサッカーに戻そうか」と悩んだことも1度や2度ではなかった。

繰り返し迷いながらも、結局のところ、理想のサッカーを曲げることは決してしなかった。

そうやって信念を貫いたのは、「自分の指導に徹することが、必ず子供たちの将来にとってプラスになるはずだ」という強い気持ちがあったからだ。

勝負の世界は勝者と敗者がいる。長い人生の中で、高校時代というわずかな時間に負けることとくらい、そんなに大したことじゃない。

むしろ、頭が柔軟なその時期に、自分で考えるサッカー、個人を磨くサッカーをしておけば、いつかきっと勝てる時が来るんだ。

だからこそ、俺は子供たちにこう言い続けている。

「お前たちがやっているようなサッカーは、他のどのチームもやっていない。自信を持って続けていけ」と。

自分が尊敬する藤枝在住の石の彫刻家・杉村孝先生にも、力強い言葉をいただいたことがある。

「今、彫った地蔵の顔は、千年経ったら、もっといい顔になる」と。

偉大な芸術を作り上げる人物というのは、目の前にあるものではなく、ずっと先の完成形を見ているんだと、これを聞いてしみじみと痛感した。

同時に、自分のやってきたことが間違いではなかったと、安堵感に包まれた。

育成年代の指導者は、彼らと同じように長期的な視点を持って、物事に取り組まなければならない。子供たちの今ではなく、10年後、20年後の姿をイメージして、アプローチしていくこと。それを脳裏に刻みこむ必要があるんだ。

そう自分に言い聞かせながら、雨の日も、風の日も、凍りそうな寒い日も、太陽の光が痛いくらい暑い日も、俺は黙々とグラウンドに通い、選手たちのリフティングやドリブルを見守ってきた。時には自分自身がブラジルに行って仕入れてきたメニューを実践して見せたこともあった。

地道な日々の積み重ねの結果、三浦泰年やカズ（三浦知良＝横浜FC）のようなJリーガーを63人も輩出することができた。日の丸を背負ってワールドカップに出た選手がまだいないのは少し心残りではあるが、中学生の時点では決してトップレベルでなかった選手たちのテクニックを鍛え上げ、表舞台に送り出した事実は重い。俺自身にとっても大きな誇りに他ならない。

静岡学園出身の選手は本当にボール扱いに長けている……。

そんな評判を耳にするたび、心が熱くなったものだ。

泰年やカズのようにトップレベルまで到達する選手はやはり何かが違う。サッカーへの取り組む姿勢、諦めないメンタリティ、負けじ魂や闘争心…、そういう部分がとにかく重要だ。

いくら類まれなセンスを持っていても、それを自分の努力でコツコツと磨けない人間は大成しない。やはり「継続は力なり」だ。

ある意味、異端児扱いされながらも、必死にもがき、自分流を見出そうとしてきた俺自身のサッカー指導者人生、哲学をこれからじっくりお話ししたいと思う。

静学スタイル 独創力を引き出す情熱的指導術

目次

第二章 技術力

第三章 人間力

※本文に出てくる「静岡学園」の呼称はすべて「学園」で統一しています。

第一章
指導力

今の日本サッカー界を見つめ直す

平成5年（1993年）のJリーグ発足以来、日本サッカーは劇的な進歩を見せている。

日本代表はこの年のドーハの悲劇を経て、5年後の平成10年（1998年）にはフランスワールドカップ初出場を果たし、ようやく世界の大舞台の一歩を踏み出した。

その後は2002年日韓、2006年ドイツ、2010年南アフリカ、2014年ブラジルと6大会連続でワールドカップに出場している。2010年の南アフリカでは岡田武史（現FC今治オーナー）の守備的なスタイルがうまく結果につながって、ベスト16進出も果たした。

フランス大会の頃は欧州でプレーしているのは中田英寿1人だけだったのに、15年以上の月日が経過した今、香川（真司＝ボルシア・ドルトムント）や本田圭佑（ACミラン）を筆頭に、日本代表の半数以上を海外組が占めるようになった。そういう意味では、個々のレベルも少しずつ上がっていると言えるだろう。

しかし、2014年のブラジルでは、日本は1勝も挙げることなく敗れ去ることになった。王国・ブラジルさえドイツに完敗するのだから、日本はまだまだ強豪国の足元にも及ばない。その厳しい現実を、日本サッカーに携わる全ての人間が改めて痛感させられた大会だったと思う。

俺はその後も、日本代表の試合は逐一、チェックしている。

ブラジルの後、どういう監督が来るか興味津々だったが、メキシコ人のハビエル・アギーレが就任することになった。だが、そのアギーレはスペイン時代の八百長疑惑が発覚して2015年2月に辞任。3月からはボスニア・ヘルツェゴビナ人のヴァイッド・ハリルホジッチ監督が新たに就任することになった。

そのハリルホジッチの下で、日本は2018年ロシアワールドカップに向かっている。6月からはアジア2次予選も始まり、9月までにシンガポール、カンボジア、アフガニスタンと対戦した。

その3試合を見たが、日本代表は引いて守ってきた弱い相手を攻めるのがすごく下手。攻め続けるのに点を取れない。その一挙手一投足を目の当たりにして、個人個人が型にはまったサッカーをしている印象を強く受けた。アタッキングゾーンに入った時、鋭いドリブル突破やワンツースリーのパス交換での崩しなど、相手の意表を突くようなプレーが少ないから、数的優位を崩せない。

シンガポールに引き分けというのは全く不満だったし、カンボジアに3－0、アフガニスタンに6－0というのも手放しには喜べない。少しずつ進歩はしているけど、格下の相手には遊ぶくらいの余裕を見せながら7～8点取って勝たなければいけない。

サッカーというのは、楽しみながら、持てるアイディアをいかんなく発揮しながら、自分がチームを生かし、チームも自分を生かしてくれるもの。その領域に達して、勝ちを求めずしても勝つくらいになるのが、俺の理想だ。その視点から行くと、日本代表は全く持って未熟。ＦＩＦＡランキング50位台のチームというのも確かに頷ける。

意外性や創造性といった能力を養うには、15歳くらいまでの間にドリブルやフェイントなどイマジネーションのあるプレーを徹底して繰り返さなければいけない。けれども、残念なことに、日本のサッカー界はそこを大事にしていない。代表選手の多くが、指導者に押しつけられた練習をしてきたのではないか。アイディアや意外性というものは、大人になってからでは身につきにくい。だから、ひらめきを生かしたプレーを肝心なところで出せないのだ。

勝つことを第一に考えるなら、指導者は子供にドリブルをさせるより、大きく蹴り出させた方が間違いなくセーフティだ。特にＤＦは大きくクリアするように指示されるケースが多いと思う。それを少年の頃から積み重ねてきたら、蹴ること、パスを出すことばかりに頼る選手になってしまう。それこそが、大人の知恵でサッカーを教えられた弊害だと俺は言いたい。

カンボジア戦で、センターバックの吉田麻也（サウサンプトン）がペナルティエリアぎりぎりのところまで上がってきてミドルシュートを決めていたけど、ああいうのが相手の意表をついたプレーだ。ブラジルでは、チアゴ・シウヴァ（パリ・サンジェルマン）がよくペナルティエリア内に入り込んでシュートを決めてるけど、そういった意外性のあるプレーのできる選手が10人揃っていないと、本当にいいチーム、強いチームにはならない。そこは強調しておきたいところだ。

俺は学園で中学生を教えていたし、今もバンレオール岡部で小・中学生を見ているけど、とにかく15歳までは自由奔放にさせて、頭の中の発想力を鍛えるべき。そのうえでテクニックを完璧にさせるように導かなければいけない。

どんな相手と対峙してもボールコントロールが正確にできれば、スペースと時間を作れるし、アイディアも出しやすくなる。そういう発想で、自分は50年間、サッカーを教え続けてきた。

その結果として、川崎フロンターレで活躍している大島僚太、あるいは２０１６年に川崎入りが決まった順天堂大学の長谷川竜也みたいな小柄で華奢な選手をプロに送り出すことに成功した。長谷川なんかは「体が小さい」「センが細い」と言われて、学園を卒業する時にはプロから声がかからなかったけど、徹底的に磨いたテクニックと創造性を武器に成長し、大学ではユニバーシアード代表で10番を背負うまでになった。その例を見ても、小さい頃にスキルや意外性のあるプレーを叩き込むことがいかに重要か分かるだろう。

豊かなイマジネーションを持つ選手を生み出すには、やはり指導者の関わり方が非常に大切だ。その指導者の多くが、日本サッカー協会（ＪＦＡ）のマニュアル通りに教えようとするからタチが悪い。ＪＦＡのマニュアルには「技術・戦術・フィジカル・メンタルをバランスよく伸ばす」や「ボールポゼッションの重要性」が書かれているのかもしれないけど、全員に同じことを教えたって意味がない。

「フェアプレー」にしても、確かにサッカーをするうえで大切なことだが、ワールドカップで勝とうと思うなら、したたかさや逞しさが必要。平気で相手の足を踏んだり、ユニフォームを引っ張ったりするくらいの図々しさがないと勝てない。そういうことはマニュアル通りの指導からは教えられない。自由な環境の中で、子供たちが自分で考えて工夫していくことで理解するものだ。そういう部分まで大人が介入し、押し付けた結果が、日本代表の最近の戦いぶりかもしれない。指導者は改めて現実を直視する必要があるのではないか。

指導者の問題点をもう1つ挙げると、情熱を持って子供たちを育てようとする指導者が少なくなったことがある。

サッカー王国と言われた静岡には、藤枝東の黄金期を築いた長池実先生、清水の少年サッカーの土台を作った堀田（哲爾）さん、清水東の勝沢（要）先生、清水商業（現清水桜が丘、以下清商《きよしょう》）の大滝（雅良）、東海大一（現東海大翔洋）の望月（保次）といったように、情熱と個性のある指導者が数多くいた。そういう指導者が切磋琢磨しあって、いい選手を育て、強いチームを作ってきた。だからこそ、静岡は日本のサッカーをリードできたんだ。

だけど、最近の中高年代を見ると、自分の生活を犠牲にしてサッカーに全てを注ごうと考える人、ある意味「異端児」とも言うべき指導者は見当たらない。みんなサラリーマン的だ。それは学校の先生だけじゃなくて、Jクラブやクラブチームで教えているプロコーチもそう。闘争心や負けじ魂といった熱い気持ちのない指導者はパス・ドリブル・シュートと練習を機械的にやっているだけ。そんなスタンスでは、個性を伸ばす、ひらめきを育てるなんてレベルに達するはずがない。

もっと熱くなって子供たちに向き合わないと、熱は伝わらないもんなんだ。エビの天ぷらだって、170~180度の油で2~3分揚げるとカラッとおいしく仕上がるけど、40~50度の油に10分入れたってグニャグニャになるだけだ。

その例と同じで、指導者も170~180度の熱で向き合わないと、子供たちは燃えてこない。情熱というのは、何よりも大切な要素だと俺は強く言いたい。

自分が今、教えている岡部のクラブでは、しばしば子供たちに裸足でリフティングボールを蹴らせている。足裏でボールを扱えればプレーの幅が広がるし、何と言ってもボールタッチの繊細な感覚が養われる。子供たちも目を輝かせて取り組んでいる。1時間半の全体練習が終わっても、「コーチ、もっとやりたい」と言って、帰ろうとしないくらいだ。そこまで子供には探求心や好奇心というのがあるんだから、指導者が熱意を持って向き合えば、もっと上を目指すし、貪欲に向上しようとする。

心のスイッチに火をつけるためには、やっぱり情熱だ。

俺はそのことを、口を酸っぱくして、言っておきたい。

指導者への第一歩
「人の真似をしても何も始まらない」

そもそも俺の幼い頃は、サッカーの存在自体、知らなかった。

俺は第2次世界大戦中の昭和17年（1942年）、満州の奉天市（現瀋陽）で生まれた。

終戦後、親父はシベリアに連れていかれて捕虜になった。俺はお袋と妹と貨物列車に乗り込んで何日もかけて奉天から大連まで逃げた。3歳だった、当時の記憶は今でもある。

引き上げ船で舞鶴に着いて、毛ジラミを退治するためのDDT（ジクロロジフェニルトリクロロエタン。農薬の一種）を頭から被せられて、お袋の実家のある焼津に何とかたどり着いた。

母親の実家は神主で、食うものには困らなかったけど、親父はいないし、金もないから、お袋は浜松まで出かけて着物を売りに行っていたくらい。本当に貧しい時代だったと言っていい。

5歳の時に親父がシベリア抑留から戻ってきて、岡部にある親父の実家へ行くことになった。そこは田舎で、アヒルやウサギ、鳥などを飼ってるようなところだった。田んぼや茶畑、ミカン畑があって、東北から30人くらい出稼ぎの人も来ていた。コンクリートの道路など一切なく、近所は全部砂利道。そういう環境で、親たちは必死に俺らを育ててくれたんだ。

スポーツの文化もほとんどなく、せいぜいマラソン大会に運動会、ソフトボールや野球があるくらい。当時は誰もサッカーボールなんか蹴っていなかった。そんな自分がサッカーを初めて見たのは、小学校5年の時。親父に自転車で藤枝東高校に連れていかれた時だった。

「ここが日本で一番サッカーの強い高校だ」

そう言われて、何だか物珍しくて、夢中になって見た覚えがある。

この2年後、静岡の城内中学校に入学して、友達に誘われてサッカー部に入った。本格的にプレーを始めたのはこの時だ。

当時のサッカー部は、軍隊教育の名残が強くて、丸坊主は当たり前。何かあるとすぐ殴られたりして、先生の指導方法はメチャクチャなところがあった。

その先生は、マレーシアやパプアニューギニアのラバウルに出征して、裸足でボールを蹴っていた経験の持ち主だった。

ある時、こんな問いかけをされたことがある。

「サッカーに『ウイング』って役割があるけど、お前、その意味分かるか？」と。

「翼です」

英語を習い始めたばかりの自分は、得意げに答えた。

「翼っていうのは、飛行機にあるだろ。空軍が飛行機で戦争をする時、後ろを回られたら負けだ。絶対にそうならないように敵機の動きをよく見ながら操縦しなきゃならない。それと同じで、サッカーもウイングの裏を取られたら負けだ」

戦争になぞらえた先生の話は実感がこもっていた。俺には本当に興味深く感じられた。こういうやり取りも、サッカーにのめりこむいいきっかけになったと言える。

中学時代は静岡県で優勝することができて、静岡高校に進んでからも最初は物凄く一生懸命だった。高1の時はのちに藤枝東の黄金期を築いた長池実先生がいたから、より練習にも熱が入った。でも先生が異動した2年の時に、杉山隆一（元日本代表、68年メキシコ五輪銅メダルの立役者）擁する清水東に決勝で2－1と負けてからは、サッパリ成績が残せなくなった。

それでも慶応大学でもサッカーは続けた。2〜3年の時は関東大学リーグ1部の試合にも出たけど、明治の杉山や早稲田の釜本（邦茂＝元日本代表）がケタ外れにうまかった。自分は正直、ショックを受けて、やる気が萎えた部分も少なからずあった。

そして3年の時、法政大との試合で目にゴミが入ってしまい、翌朝、目の前が真っ白になった。医者から「眼球に傷がついてる」と言われて、治療に1か月もかかったんだ。そんなアクシデントも重なって「もうプレーはムリだ」と思って、4年になる前に辞めることにした。

だけど、サッカーとの縁が切れることはなかった。4年になってすぐ「慶応高校のサッカー部の指導をしてくれないか」という話が舞い込んだからだ。

最初はあんまり乗り気ではなかったけど、勉強のためにやろうかなという気になってグラウンドに通い始めた。でも、指導なんて1度もしたことがないから手探り状態で、最初からうまくいくはずもない。どうすればいいのかと思って、銀座の丸善でイギリスの「ティーチ・ユアセルフ・サッカー」っていう指導本を買ってきて、それを参考にしつつ、自分なりに練習メニューを考え始めたんだ。

それともう一つ、重要な参考書を手に入れた。大前靖志さんという慶応の先輩が和歌山に住んでいて、その人が「ハンガリアン・ウェイ」というサッカー本を翻訳してくれたんだ。それを入手するために和歌山まで行き、２～３日泊まってサッカーの話を聞いた。その内容はとにかく斬新だった。

１９５０年代はハンガリーが４年間無敗の記録を作っていて、世界最強と言われていた。「マジック・マジャール」の異名は世界的に有名だった。そのハンガリーのトレーニング方法が数多く書かれていて、目からうろこが落ちる思いだった。

俺はそれまで、自分で考えたリフティングやドリブルをしつこく教えていたけど、「ハンガリアン・ウェイ」には3～４人でボールを回してゴールまで行くコンビネーションプレーがいくつも書かれていた。それぞれの練習に3～4項目の大切なポイントがあるってことを、わざわざ訳してくれたんだ。その手助けは本当に有難かった。

それを慶応高校の練習に取り入れたら、選手たちが凄まじい勢いで成長していったのには驚いた。最初は神奈川県でベスト16くらいだったチームが、国体予選と高校サッカー選手権の両方で準優勝するまでに躍進したんだ。前者の決勝の相手は鎌倉学園、後者は湘南高校で、両方とも1点差で負けたものの、たった1年間で子供は急激に進歩していくものだと身を持って理解した。情熱を持って育てていけば、若い選手ほど可能性があるとも実感した。この時、初めて指導が面白いと思えた。

今、振り返ると、これが自分の指導者人生の第一歩だったのだ。

コーチングの道を極めるために仕事、そして人生を投げ打つ

そうやって高校生の指導に携わるようになったけど、学校の教員になってサッカーを教えようとは考えていなかった。普通に社会人になるつもりで、就職活動をスタートさせた。

自分は女にモテたかったから、化粧品会社に行きたかった。けれども、静岡銀行の頭取の息子が慶応の先輩で、その人に「とにかく来い」と言われ、就職試験を受けることになり、そのまま銀行に入ることになった。

仕事はあらゆることを一通りやった。そろばんでの計算から始まって、次は出納だな。勘定を合わせるのに午前3時くらいまでかかったこともある。今は機械化されているけど、当時はなかったので、1円1銭を合わせる細かい作業が本当に大変だった。その後は預金係、定期預金、積立、集金も担当した。お客さんに頭を下げる毎日を過ごしていたんだ。

その仕事の傍らで、サッカー指導も続けた。平日は、銀行から歩いて通える場所にある長田西小学校で午前7時から8時までの1時間、小学生を教えていた。慶応高校での指導内容を思い出しながら、ボール回しからゴールまで持っていくドリルを繰り返し教えていた。

そうやって4年が過ぎた頃、清水の少年サッカーの基礎を築いた堀田哲爾さんがFIFAのコーチングスクールを卒業して、藤枝東の長池先生と2人で毎週月曜日の午後7時から清水で伝達講習会をやるという話が耳に入ってきた。それに1年間、通うことになったんだ。

講義内容はチーム統率、戦術、スポーツ医学、生理学、解剖学、ルールや審判など計10項目くらい。そういうものを勉強していくうちに、しみじみ感じたことがあった。

「サッカーの指導って、すごく奥が深いな」と。

「指導っていうのは、ここまで知識を身につけてからやらなきゃダメなんだ」と。

それが自分の率直な思いだった。

指導をより深く学びたいという気持ちが日に日に高まっていった頃、1970年の8月に千葉県・検見川で第2回FIFAコーチングスクールが開かれるのを知った。期間は1カ月。何とかして出たいと思って会社に「1カ月の夏休みがほしい」と言った。もちろん答えは「ダメ」。それであれこれ知恵を絞って、病院でニセのレントゲン写真を撮って見せたりしたけど、「お前が肺炎になるわけないだろう」と一蹴された。嘘は簡単にバレるものなんだ。

夏が近づいてきて、決断に迫られた俺は、銀行を辞めようと決めた。正直、銀行の仕事も嫌いではなかったが、ある時、暴力団組織に1000万の不良手形を脅されて割り引く銀行幹部の姿を見て、「善良なお客さんにはやらないことをなんでやるんだ。こんなところにいられない」って気持ちになっていたから、辞める決断はすぐついた。両親にも反対されたけど、サッカーを突き詰めて、プロコーチになってやるという覚悟を強く決めた。

今の時代は、指導者が勉強する機会はいくらでもある。毎日のように欧州サッカーをテレビで見ることができるし、日本サッカー協会も懇切丁寧に指導者講習会やリフレッシュ研修会を開いてくれる。海外から有名指導者がやってきてセミナーを開く機会も多いし、逆に日本から海外へ出向いてビッグクラブや強豪国のメソッドに触れることも難しくない。

だけど、45年前の日本はそうではなかった。日本屈指のサッカー王国と言われた静岡でさえ、堀田さんや長池先生が伝達講習会を開いてくれなかったら、俺ら若い指導者は基本的なことをもさえも勉強できなかった。より深く高度な情報を得るために、仕事を投げ打つくらいのリスクを冒さなければいけなかったんだ。

「お前はバカか。おかしいぞ。プロコーチなんてできるわけがない」

「絶対に無理だ。やめとけ」

何人もの人たちに否定的なことを言われた。俺はそう言われれば言われるほど燃えてきた。

たとえ失敗してボロボロになったとしても、負けたとしても、自分は最後までサッカーグラウンドの上に立っている側の人間でありたい。夢を実現するためには、どんな犠牲も厭わない。一度決めたら途中であきらめない……。

その覚悟と心意気を持てたから、俺はプロコーチになる覚悟ができたんだと思う。今の若い指導者にもそういう勇気とチャレンジ精神を忘れてほしくない。

そして8月、JFA公認A級指導者ライセンスを取得するために、検見川の東大グラウンドへ行った。

開講式の挨拶で、当時JFAの名誉会長だった野津謙さんがこんな話をした。

「サッカーのコーチングというのは、一生涯をかけてやり続ける心意気が大切です。人間を指導し、育てるという仕事は、大変困難で勇気のいる仕事です。だからこそ生涯をかけてやり続ける心意気が必要なのです。そういう大変重要な仕事をやる人間は、絶対に途中でくじけてはいけないのです」

この言葉は、まさに俺自身が考えていることと合致していた。

さらに、野津さんの話は続いた。

「その人がコーチングという仕事を通して、『スポーツの神髄』に達することができたなら、その人物は一流になったということです。

それはつまり、無我の境地を体験し、そこに達するということ。長い年月を要して根気よく練習、努力、研鑽しながら、指導者自身がエゴを捨て、無心、透明な心でサッカーに取り組み、打ち続けていくことによってのみ、達することができるのです。諸君の中からたった1人でもいい。宮本武蔵のような境地まで指導者として行ってほしい。私はそれを願っています」

どうしたらそこまで人間性を高められるかを俺は真摯に考えた。いや、今も考え続けている。それを生涯のテーマとして、ただひたすらコーチングの仕事をやっていこう。あの時が、そう決意した瞬間だった。

死ぬまで現役のサッカーコーチであり続けることを目指し志したブラジル流テクニックの道

ライセンスを取ってからしばらくの間は失業保険で生計を立てながら、城内FCの練習を指導していた。三浦泰年（タイ・プレミアリーグ・チェンマイ前監督）・知良（横浜FC）兄弟がまだ幼稚園に通っていたんで、父親の納谷宣雄に頼まれて、送り迎えをしたこともある。

「ゴール」というサッカー用具店でアルバイトもしていた。その店に学園の生徒もよく来ていた。そんなある日、生徒の1人が万引きしようとしたのを、自分がとっさに見つけた。そいつの頭を小突いて警察に連れて行こうとしたけど、「ごめんなさい。勘弁してください」と言うから、「しょうがないから内緒にしてやる。そのかわり、二度と物を盗んだりするんじゃないぞ」と諭した。

今、思い返せば、それが学園の生徒との最初の関わりだった気がする。

それをきっかけに「静岡学園」という高校のことを調べてみると、「静岡県の3バカ高校」の1つに挙げられるくらいの学校だと分かった。もちろん今は進学率も飛躍的に上がり、成績優秀者も数多く在籍しているが、当時はそういう位置づけだったんだ。自分はこの学校に興味が出てきて、校長のところに出向いて「俺をサッカー部のコーチにしてほしい」といきなり頼んだ。

校長は牧野賢一さんという当時、75～76歳の教育者。スポーツに特別興味を持っている人ではなかった。ただ、昭和46年（1971年）夏に野球部が静岡県大会で優勝して、初めて甲子園に出場し、全国でベスト8に入ったことで、学校全体がずいぶん盛り上がっていた。牧野校長は野球以外のスポーツも強くしようと考えていた様子で、柔道や体操、卓球にも力を入れていた。体操は長い間、静岡県内の高校年代でトップに君臨していた。サッカーに関してはそこまで気合は入っていなかったものの、スポーツ全体を前向きに捉える雰囲気は少なからずあった。「サッカーも強くしてもいいかな」くらいの軽い気持ちは校長自身も持っていたと思う。だからこそ、俺が突然、訪ねていっても、一蹴したりはしなかったのではないか。

「本格的にサッカー部を強くしたいから、(ライセンスを取った)俺を雇え！」

こう切り出すと、校長は当初、「鈴木常夫って監督がいるから」という理由から消極的な姿勢を見せた。それでも諦めずに2度、3度と学校まで足を運ぶと、校長はようやくこんな回答を口にした。

「とりあえず、3カ月ばかりやってみろ」と。

それが、昭和46年の12月。翌年の3月までは「試用期間」ということで、俺は何とか採用されるに至った。

鈴木監督と3カ月一緒に指導して、校長も本気だと分かってくれたんだろう。昭和47年4月から月給3万円で正式に監督として雇ってもらった。当時の大卒初任給が8万円くらいだったから、そんなに悪い条件ではなかった。

ただ、その頃の学園サッカー部は、今みたいに100人以上の部員がいるような大所帯ではなく、本当に細々と運営されていた。自分が顔を出し始めた昭和46年の年末は、選手権予選が終わって3年生が引退した後で、部員がたったの8人しかいなかった。それで、次の春に入学する新入生を集めようと動いてみたけど、「学園には行かせたくない」と頑なな姿勢を見せる親が本当に多かった。静岡市内の中学校には全く相手にされず、藤枝も同じ。何とか状況を打開しようと焼津まで出向いて、知り合いだった小川中学校の先生に話をすると「井田さん、かわいそうだから、何人か選手を送ろうか」と数人を紹介してくれた。その新入生が10人くらい入ってきて、ようやくサッカー部としての体裁が整った。そういうところからのスタートだったんだ。

部員は少ないし、レベルも清水や静岡、藤枝に比べれば低い。それでも、やるからには頂点を目指すのが俺のやり方だ。

「日本一になるんだ」

それが最初に掲げた大目標だった。

当時に、こんな夢もサッカーノートに綴った。

「俺が学園にいる間に国体代表を50人送る」

「静岡県チャンピオンを10回以上獲る」

「日本代表、ユース代表を10人以上送る」

そのことを周りに話すと、「お前、バカだ。そんなことできるわけない」と、銀行を辞めてコーチングライセンス講習に行こうとした時と同じ反応が返ってきた。

もちろん、自分はそんな逆風にめげる男ではなかった。「今に見ていろ」と決意した瞬間であった。

最初からうまく行ったわけではない。俺は俺なりにリフティングメニューを5〜10種類作って教え、ハードな練習も課した。休みの日は早朝、午前、午後、夜中と四部練習をさせたこともある。生徒たちは学力レベルは決して高くなかったけど、そういう人間の方が割り切って本気でついてくるところがある。こっちが一緒に走ってプレーを見せて、本音で話して、強くしたいという強い意志を見せれば、彼らの心にも響く。それが人と人との絆というものなんだ。

でも、最初の大会は静岡工業に0－8で大敗した。ずっと後の話だけど、学園中を立ち上げた時も、初参戦した3日間の大会で合計21点も取られている。中1のGKが全力でボールを投げても、ペナルティエリアの少し外にしか飛ばないから、相手に全部プレッシャーをかけられてボールを取られてしまう。中学生の身体能力の差はすごいから、そういう状況もやむを得ないのだ。

大敗に次ぐ大敗。それはどんな指導者もチーム立ち上げの時には通る道。「コンチクショウ。いつか絶対に勝ってやる」と思って強くなる。そうしなければ、いい指導者になんかなれないと俺は思う。

そんな紆余曲折を繰り返しながら、「どういうサッカースタイルを実践してチームを強くしていくか」という命題を、自分は酒を飲みながら毎日毎日、考えた。

昭和40年代の日本サッカー界は、昭和39年（1964年）の東京五輪、昭和43年（1968年）のメキシコ五輪成功の原動力になったドイツのデットマール・クラマーさんのメソッドが主流だった。協会挙げてドイツ式のスタイルをやっていた。ドイツでは4－3－3のスイーパーシステムがベースで、3バックの後ろに1人余らせてセーフティに守ろうという考え方がメイン。日本リーグ（JSL）とか大学、高校を見渡しても、全部そういう方向性を採っていた。

けれども俺は、誰もやっていないスタイルにトライしたかった。

それが、3バックのゾーンで守って、ドリブルとショートパスでゆっくり攻めるブラジルスタイルのサッカーだった。

なぜそこに行き着いたか……。

原点は、自分が高校生の頃に初めて見て衝撃を受けた、ペレにある。

俺はもともとブラジルサッカーが好きで、ニュースや白黒フイルムを自ら探してはよく見ていた。ペレは17歳で昭和33年（1958年）のスウェーデンワールドカップに出場し、大型選手の揃うスウェーデンを高度な足技で翻弄していた。味方から受けたボールをトラップして頭の上で敵を超す「シャペウ」という技をやって、実際にシュートも打っている。それほど創造性の高いプレーをワールドカップの大舞台でやってのける選手なんて、昔も今も見たことがない。若かった自分にとっては、価値観が180度変わるくらいの大きなショックだった。

ブラジルが3度目の優勝を達成した昭和45年（1970年）メキシコ大会も、ペレは凄まじい活躍を見せた。自分はまだ銀行員だったから行けなかったが、静岡県から協会関係者数人がその大会を現地まで見に行っている。この頃は日本人がワールドカップの存在さえも満足に知らない時代だった。

俺はペレをきっかけにもっと前からワールドカップを見てきたから、この大会の意味をよく理解している。だから、知良がブラジルから帰ってきて「いつの日か日本代表としてワールドカップに出たい」と発言した時の真意がよく分かった。あいつの話を聞いていたマスコミの方は何が何だか分からなかっただろうけど、それだけワールドカップは華やかで、華麗で、世界中の人々を魅了する素晴らしいものなんだ。

その大舞台で世界を驚かせたペレがやっていたサッカーを、日本の高校で実践していこうと大胆にも俺は決めた。

そんなばかばかしい発想をするのは自分だけだと思う。

正直、頭がおかしいと思った人もいただろうけど、やり抜くと決意した。

それが俺の「美学」なんだ。

指導者たるもの、最低10年のスパンで指導を考えろ！

だからと言って、その美学が一朝一夕で理想の領域に達するはずがない。

俺が参加したコーチングスクールで野津さんが言っていたように、一生賭けてコーチングを突き詰めていく覚悟がなきゃダメなんだ。

俺の場合も、40年以上の年月を費やしても、その境地にはいまだ至っていないのだから。

とにかく最初の10年間は、本当にガムシャラだった。

1年目は365日練習したが、いい結果が出なかった。どうにもならなかったけど、昭和49年（1974年）1月には、新人戦に優勝するところまでこぎつけた。俺が正式に監督になった年に入学してきて、後に日本代表入りしたセンターFW・川口勝（大商大→ヤンマー）もいて、彼らが着実に成長してくれたのが大きかった。

川口はサッカーしか取り柄のない男だったけど、長距離も短距離も速かった。その長所を生かしてやろうと自分なりに工夫した。その結果、3年の時にはキャプテンにもなってくれたし、高校総体静岡県大会で活躍して、俺にとっての国体代表第一号選手にもなってくれた。

この頃はグラウンドも野球部と一緒。部員数も依然として少ない中、自分は誰もやったことのないサッカーを形にしようと試行錯誤を繰り返していた。とにかく一生懸命、選手を鍛えて強くすることばかりを考えていた。川口の目に見える成長もあって、少しずつ自信を持てるようになったし、何とかなりそうだという手ごたえもつかむことができた。

この後、昭和50年（1975年）に三重国体選抜の監督をやらせてもらって全国優勝し、当時の高校サッカーの全国的なレベルを知ることができた。そして翌51年（1976年）度の選手権に出ていきなり準優勝まで勝ち進んだ。このように初期は確かに幸運が続いたけど、とにかく一歩一歩、地道に進んでいくしかない。それが指導者の生きざま。そうやって5年、10年という月日が流れて初めて見えてくることがある。ある程度の時間というのは絶対に必要なんだ。

子供の育て上げることは本当に長い時間を要する。ジュニア年代の子供を大きく伸ばそうと思えば、10年の歳月を見なければいけない。10年間、じっくり1つのポリシーを持って、「こういう形で育てていく」「この子はこういう方向でやっていく」と腰を据えて取り組んでいくことが肝要だ。

もちろん、彼らに携わるのは1人の指導者だけではない。全体を大局的に見守る人がいて、現場は若いコーチにやらせるというように、みんなで協力しながら子供を育てていく体制がないといけないのだ。

「15歳までに100万回ボールを触れ！」

俺は常日頃、口癖のようにこう言い続けている。そうやって長い時間を費やして、地道にコツコツと努力を続けていかないと、一流の選手になれるはずがない。

しかしながら、日本の場合は各年代ごとに勝利が強く求められる。勝ったら指導者は高く評価されるけど、勝てなかったから評価されず、瞬く間にクビになる。9歳でも10歳でも11歳でも12歳でも勝てなかったらダメという考え方で、日本全国のジュニアチームは運営されている。

その結果、少年の時に天才だと言われた子の大半が、高校生くらいになると平凡な選手になってしまう。Jユースの選手がトップに上がれず、大学へ行き、そこでうまく花が咲いたら再びJに戻れるケースも最近は増えてきたけど、それでは選手育成が完全に成功したとは言えない。子供の頃に際立っていた才能をつぶしているのが実情と言わざるを得ないんだ。

その背景を考えると、Jクラブの指導者の問題が大きいと俺は考える。

清水エスパルスを例に取ると、Jリーグ発足直後の約20年前からジュニアユースとユースがあり、今年（２０１５年）からジュニアも立ち上げたようだけど、現場にいる指導者はプロ選手をリタイアして５〜６年程度という経験不足の人間が多い。

俺は若いうちに仕事をやめてコーチングスクールに行き、チーム統率のノウハウやスポーツ医学、生理学をじっくり学び、そのうえで現場での指導経験を積んできた。だけど、元Ｊリーガーの若いコーチはそこまで深く勉強しているように感じられないところがある。自分の経験だけで子供を教えても、いい選手が育つわけではない。そこは彼らも再認識しなければならない。

会社の方もポリシーに欠ける部分があるから、２〜３年経つとすぐに新しい指導者と交代させてしまう。育成のスペシャリストと言える指導者は本当に少ないのが現実。比較的見どころのある指導者はＪＦＡに引き抜かれるのが常だ。

Ｊリーグ発足から20年以上も経っているのに、Ｊクラブから日本を代表するようなセンターＦＷが出てきていないのは、特に深刻な問題ではないのか。それをみんながより真剣に考えた方がいいと俺は思う。

スペインやイタリアの実情を見ると、カンテラやプリマベーラから育った選手が何人もトップに上がって活躍し、その国の代表選手に成長していく。日本のＪクラブはそのレベルとはかけ離れている。ＪＦＡやＪリーグから「下部組織を持ちなさい」と指導されて、毎年億近い金額を投じて選手を育成しているのに、その割に成果がない。そういわれても仕方がないだろう。

むしろ俺たち高校サッカーの方が、少ない予算でいい選手を出している。そのことは、より多くの人々に再認識してほしいところだ。

ただ、高校サッカーの方も１人のベテラン指導者が長く指導するスタイルでこれまで成功していたところが多かったが、昔の名将といわれた国見の小嶺（忠敏＝現長崎総合科学大学付属高校監督）や帝京の古沼（貞雄＝現高校サッカーアドバイザー）たちの後継者が育ってないという問題がある。国見も帝京も弱くなってしまったし、鹿児島実業も松澤（隆治＝前総監督）が引いた後は選手権にも思うように出られなくなっている。流通経済大学柏の本田（裕一郎）のところも、70歳近くなった本田がいまだにやめられずにいる。

指導者の世代交代というのは、傍目から見る以上に、難しいことなんだ。

俺は死ぬまで学園でやり続けられるとは思っていなかったから、早い段階で後継者のことは考えた。昭和54年（1979年）正月に2度目の選手権に出た後、平成5年（1993年）正月まで14年間選手権に出られなくて苦しみ、その壁を乗り越えて平成7年（1995年）

度の選手権で鹿児島実業と両校優勝を果たしたことが、後継者のことを考える契機になったと言っていいかもしれない。

「日本一になったから、もうある程度はやった。そろそろ先のことを考えた方がいい」

そう思って、教え子の1人だった川口修《おさむ》（現監督）をコーチに呼び、うまい具合にバトンタッチしていこうと動き出したんだ。

修は沼津で過ごした中学時代までは名の知れた選手だった。学園に来て、1年の夏の高校総体静岡県予選で早くもベンチ入りするくらい、大きく伸びる可能性はあった。けれども、その秋にポジションを争っていた同級生から激しいタックルを受けて、前十字靱帯断裂と半月板損傷。そこから5回も手術をすることになり、全国の舞台には3年間、一度も立てなかった。

本人は「ケガさえ治ればまだやれる」と思っていたから、卒業してすぐブラジルへ行き、個人技を重視する向こうのスタイルに出会って、自信を取り戻した。そこで1年半を過ごし、逞しくなって帰国。Jリーグ発足当初のベルマーレ平塚（現湘南ベルマーレ）の練習生になった。が、合流してわずか2週間で再びケガをしてしまった。これが本人にとっても大きな打撃になったのだろう。現役生活にピリオドを打つことを決意し、藤枝明誠のコーチとして新たな人生を踏み出した。そこでキャリアを積み重ねていた時に、俺が目をつけて学園に引っ張った。ちょうど、倉貫（一毅＝現徳島ヴォルティスコーチ）や坂本紘司（現湘南ベルマーレ営業本部長）たちが選手権に出た平成8年（1996年）度の出来事だ。

修をコーチにつけて修業をさせながら、4年後には倉貫と坂本と一緒に選手権に行った斎藤興龍《おきたつ》が先生になったんでコーチとして入れて、さらに学園ＯＢの岡島弘高、宮本佳宣といったスタッフを増やしていった。俺の精神、遺伝子を受け継ぐ指導者を10年以上かけて育て上げ、俺は学園の第一線から身を引いた。

今は高校と中学があって、何チームも同時並行的に活動しているけど、全員が俺のやってきたコンセプトやメソッドで指導できる。そういう中・高一貫のサッカー部は本当に珍しいんだ。

優れた選手を育てられるしっかりした環境を構築しようと思うなら、繰り返しになるけど、10年単位の時間がかかる。学園の実情を見ても、その重要性が分かるはずだ。エリート選手を集めているＪクラブがそういう環境作りをもっと重視し、より真剣に取り組んでいかなければならない。そうしないと日本の育成は変わらない。

このままじゃ、世界との差は広がっていく一方だ。

俺たちは現状に危機感を持つべきだと思う。

大切なのは「スイッチ・オン」いかに子供の心に火をつけるか

子供を教える時、俺がモットーとしている格言がある。

「出るクイを伸ばせ」

「能ある鷹は爪を出して、もっと磨け」

これは日本社会の常識とは対極の考え方だ。現代の学校教育は平等精神を植えつけていて、全てにおいて横並びを大切にする。運動会から徒競走をなくし、お遊戯や組体操だけをやっている学校もあると聞いて、戦時中生まれの自分は本当に驚かされるばかりだ。

社会や学校でもそうであるが、サッカーでも突出した個性が出にくくなっている。小学校2～3年生を高学年の5～6年生と一緒にプレーさせると、劇的にうまくなる例を何度も経験してきたけど、多くの少年サッカースクールは低いレベルの子供に合わせた指導をする。そうなると、うまい子は下手な子に合わせてしまって、結果的に伸び悩む。飛び抜けた才能を輝かせられない土壌が日本には根強くあるのだ。

そういう環境から離れるために、多くのトップアスリートは外国へ出ていく。プロ野球の野茂英雄、イチロー（マイアミ・マリーンズ）、テニスの錦織《にしこり》圭は顕著な例だろう。サッカーでも三浦知良、中田英寿、小野伸二（コンサドーレ札幌）は早くから海外に出て行ったし、今の日本代表で活躍する香川真司（ボルシア・ドルトムント）もそう。生ぬるい環境にいたら、彼らみたいに世界トップレベルで活躍することはできない。この現実を指導者は強く認識するべきだし、より厳しい環境の下で子供たちに教えなければいけないと思う。

実際、スポーツ選手は年齢が低ければ低いほど覚えも早く、頭の中の柔軟性も高い。小学生と中学生に同じリフティングやフェイントをさせたら、小学生の方がすぐに習得する。だからこそ、早いうちにサッカーを好きにさせ、とことん追求する気持ちを持たせることが大事だ。

いかに心に火を灯すか……。

俺は「スイッチ・オン」と言っているけど、心のスイッチをオンさせられるかどうかが指導者に問われるところなんだ。

思春期を過ぎて15歳以降になると、勉強やオンナのこと、友達関係、遊びなどいろんな雑音があって、サッカーだけに集中してスイッチ・オンするのはなかなか難しい。小さければ小さいほど、やる気にさせるのは簡単だ。

自分も学園では、いろんな角度から言葉をかけたり、連日試合をさせたり、100分間走をやらせたり、4部練習を取り入れたりと、選手のスイッチを入れるためにあらゆることにトライした。こうした試みにどれだけ効果があったのかは、今も分からない部分が多い。

これまで俺は63人のJリーガーを学園から送り出してきたけど、1年の時から目をかけて「こいつは大きく伸びる才能がある」と思っていた選手の何人かが、その通りにはならなかった。途中でタバコを吸ったり、酒を飲んだり、オンナと遊んだりして、サッカーへの情熱が薄れてしまい、モノにならなかったやつも見てきた。今、頭に浮かぶだけでも30〜50人はいる。本当にもったいないと痛感する。

具体名を挙げるのは、あまりいいことじゃないかもしれないが、狩野健太（柏レイソル）は1000人に1人ぐらいの逸材だった。潜在的な才能は凄まじいものがあった。だけど、練習があまり好きではないように見えた。学園時代の健太は練習が始まるギリギリ前に谷田グラウンド（静岡学園の練習拠点）に来て、終わったら一目散に帰ってしまう。本人にも「もっと真剣に取り組めよ」「たまには自主トレしたらどうだ」と声をかけても、正直、聞く耳を持たなかった。

卒業後には岡田武史が率いていた横浜F・マリノスに入って9年プレーしたけど、レギュラー定着するかしないかという微妙なところをウロウロし、2013年には柏へ行った。その柏でも試合に出たりでなかったりで、もう29歳になってしまっている。いまだにスイッチ・オンの意味が分かっていないと本当に残念に感じる。

狩野と対照的な存在に増田忠俊（現解説者）がいた。増田は静岡に隣接する蒲原中学校出身で、当時は無名の存在だったが、学園に入ってからは朝一番早く来てボールを蹴り、夜も最後まで練習していた。その努力が実って、Jリーグ発足前年の92年に鹿島アントラーズ入りすることができた。

けれども、アントラーズでは競争が厳しく、体のセンが細くてフィジカル的に弱い増田はすぐには試合に出られなかった。2年間は公式戦の出場機会がなかったと聞いている。そういう中でも我慢してトレーニングに励んだことで、ジーコに使ってもらえるようになり、最終的には日本代表まで上り詰めた。ワールドカップまでは行けなかったけど、あいつは学園でスイッチ・オンの状態になったから、プロサッカー選手としてそこそこ実績を残せたんだろう。

俺がプロを目指す高校生によく言っていたのは、「1億円プレーヤーになれ。そのために全生活をサッカーに注げ」ということ。そこまで行けたら、初めて成功という評価を与えていい。日本でそのレベルまで達したのは知良、中田英寿、中村俊輔（横浜F・マリノス）、遠藤保仁（ガンバ大阪）……。本当に一握りの選手しかいないのが実情だ。

現時点で、自分が学園の監督として最後に送り出した大島僚太がリオデジャネイロ五輪代表の主力になっていて、キャプテンマークを巻くこともあるようだが、そのくらいではたかが知れてる。もしこのレベルで満足したらそれで終わり。大島には「ドゥンガ（現ブラジル代表監督）みたいに、ゴールを奪えるボランチになれ」と会うたびに言っているけど、どこまで本人に響いているか。とにかく大島ももう一段階飛躍するために、スイッチ・オンしなければならないと思う。

テクニックやフィジカルは、その成長が目に見えるし、ある程度、鍛え方というのは分かる。しかし、心は目に見えないものだ。だから、その鍛え方は世界中の指導者が悩んでいると思う。

解剖学の権威で京都大学の総長（第16代）を務めた平澤興さんは、かつてこんなことを言っていた。「教育とは、学生たちの心に火を灯し、そしてその火を燃やすことだ。そして、その火を燃やすためには、指導者が熱く燃えていないといけない」と。

それはサッカーにおいても、当てはまる。選手たちの心に火を灯すには、まず指導者が高い志を持って、燃えていないといけないんだ。

また生物学者の村上和雄さん（筑波大学名誉教授）は、次のようなことを言っている。

「心のスイッチをオンにしないと遺伝子は動かない」

難しいトレーニングをやらせると、「できない」と言い出す選手がいる。でもそこで、「いや、お前はできるんだ。できるようにするのがお前なんだ」と、しつこく説いていくそうだ。

スイッチがオンになるきっかけは、人によって違う。でも指導者が選手たちに我慢強く、アプローチしていくことで、ふとした瞬間にスイッチがオンになる。

そのためには選手が素直であることも重要だ。周囲の意見に耳を傾け、失敗したら自己反省する。そして、感謝の気持ちを表現できること。

そういう選手はきっと、そのきっかけを掴めるはずだ。俺はその選手がオンの状態になったらすぐわかる。普段の生活態度に必ず表れるからだ。そうなったら、こっちはしめたもの。あとは背中を押してやるだけでいいんだ。

ブラジルには、「コブランサ（cobranza）」という言葉があって、サッカーの現場ではよく使われている。

「より上を目指す」

「もっと有名になる」

「もっともっと自分のステイタスを上げる」

そういう意味合いで、彼らは「コブランサ」という言葉を口にする。

残念ながら、日本語にはこのメンタリティはない。プロになっただけで満足してしまう選手がとにかく圧倒的に多いからだ。

子供たちを出るクイとなり、爪を尖らせる鷹にさせるためにも、「コブランサ」のメンタリティを徹底的に植えつけていくこと。

それを、俺は日本の指導者に改めて求めたい。

自分たちが学校の先生と同じ発想を持っていたらダメだということも、再認識してもらいたいものだ。

いい選手を見極めるためには「目」と「足」を見ろ！

子供を大きく伸ばそうと思うなら、指導者はその人間が持っている可能性や潜在能力を見抜く力がまずは求められる。

中国の故事にもこんな話がある。

中国の周の時代に、皇帝が伯楽という名の部下に「素晴らしい馬を見つけてこい」と命じた。伯楽は名馬を見つける名人をあちこち探し出し、実際に名馬を見つけて連れてきた。

「その馬はどういう馬なんだ。どこの生まれで、雄か雌か？」

皇帝に問われた伯楽は、こう答えたという。

「それは分かりませんけど、とにかく名馬ですから」と。

皇帝は「お前は俺をバカにしている。打ち首だ」と激高した。

しかし伯楽は動じず、「名人というのは馬の見るべきポイントを見ている。それを見て連れてきたのだから心配しないでください」と自信たっぷりに言い切った。

実際にその人の眼力は非常に優れていて、その馬は本物の名馬だった。その話が転じて「伯楽」という言葉が「才能を見極める名人」という意味になったのだ。

俺が伯楽ほどの目利きなら、教えた子供が全て名選手になっていたはずだが、そうまくはいかない。ただ、少しでもいいから才能を見極めようと、自分なりに試行錯誤を繰り返してきたつもりだ。

俺が最も重視するのは、「目」と「走り方」だ。

子供と面と向かって話をする時、いい選手になりそうなやつは目に力がある。人の話を一生懸命聞いているから、目が澄んでいる。

「頑張れよ」「毎日練習してればよくなるからな」と声をかけた時も、こっちをじっと見つめていたり、目が輝いたりしている。そういうちょっとしたことがすごく大事なんだ。

自分は試合前にサッカーの話をせず、宮本武蔵など歴史的人物のエピソードを引用したりするけど、そういう話を前向きに聞けるやつは、サッカーにも勉強にも熱心に取り組める。

目はその人間の姿勢を示すものなんだ。

もう1つの走り方というのは、俺自身の独特の感覚だ。サッカーの走り方はシンプルに速く移動することを目的とする陸上競技とは違う。ドリブルをしながらの走り、パスをしながらの走り、シュートを打ちに行くときの走りと、あらゆる面で理想的な形がある。それを言葉で表現するのは難しいが、俺は独自の視点でそれを観察する力をマスターした。選手をパッと見れば、伸びるかどうかがだいたいは分かるようになった。

これは余談だが、オンナを見る時も第一は目だ。最初は誰でも顔を見るけど、顔は好みが分かれる。そこで目を見れば、いいか悪いか、好きか嫌いかがハッキリするんだ。そして次は足だ。やっぱりいい足をしているオンナでなければ、口説く気にもならない。

サッカー選手の育成とオンナの話は関係ないと思う人も多いだろうけど、俺はそんなことはないと言いたい。思春期の男子ならオンナに興味があるのは当たり前だし、それを頭から否定していたら、子供たちの心はつかめない。

俺は学校の教員ではないから、選手を型にはめようとは思わないし、規則や規律でがんじがらめにするつもりもない。それぞれの長所短所やキャラクターを見抜いて、バラバラな個性を集めて、1つのいいチームを作る。それが理想のアプローチだと考えているんだ。

つまり、「目」と「足＝走り方」というのは、1人の人間をチェックする重要ポイントということになる。

自分の見る目が正しかったと感じた1つの例に、昭和51年度の選手権でハットトリックを2回達成した有ヶ谷二郎という選手がいる。

有ヶ谷は俺が挙げた2つのポイントのうち、1つ目の「目」は持っていたけど、「走り方」の方は全くダメだった。ダッシュやマラソンをさせるといつもビリというくらい足が遅かった。普通の監督だったらああいう選手は使わない。今の指導者は見ただけで拒否するかもしれない。

だけど、有ヶ谷は点を取るのがうまかった。1年間センターフォワードでトライして、どういう動きをするかじっと見ていたけど、ゴール感覚に秀でていて、ツボを得ていた。その才能を確信した俺は、足が遅いことには目をつぶって使い続けることにした。

「お前はとにかく点を取ってくれればいいから、いつもペナルティエリアに近くにいてくれ。それ以外の仕事は他の人間がフォローするから」と。

その有ヶ谷に三浦哲治や宮本昭義、1年生だった杉山誠・実兄弟たちがボールを出すパターンが1つの形になり、あいつは選手権で8ゴールを挙げて、得点王になった。平成の時代になって、富山第一の石黒智久が大会通算9ゴールを取るまで、得点記録が破られることがなかった。

ＪＦＡのナショナルトレセンやＪＦＡアカデミーは、足が速くて、長身で、点を取る感覚に優れているという全ての才能を併せ持った子供を集めようと考えている。それがエリート教育だ。でもそんな人間は滅多にいない。「目」と「走り方」を兼ね備えた人間だって少ない。学園のような高校サッカーのチームに来る選手は特にそう。得手不得手がある。それを承知の上で、指導者は見る目を養っていくしかない。

伯楽になるまでの道のりは長い。覚悟を持ってのぞむことが大切だ。

本当のサッカーの駆け引きを伝えろ！

サッカーは頭を使うスポーツだ。

いくら技術や戦術が優れていても、身体能力が高くても、インテリジェンスのない選手はいい選手にはなれないし、一流にはなれないと思う。

ピッチに立ったら、どんな時も相手がいる。1対1、2対2、3対3の練習でもそうだし、オールコートのゲームになればさまざまな局面がある。そういう中でゴールを奪おうと思うなら、相手をうまくいなして勝たなければならない。

駆け引きを学ぶことは、サッカーをやるうえで必要不可欠なことなんだ。

日本人は潔癖すぎるから、ワールドカップやアジアカップといった世界舞台ではまるで歯が立たない。学校の先生は「清く・正しく・美しくプレーしろ」と言うかもしれないけど、その通りにプレーしていたら、ずる賢くて老獪、かつしたたかな外国人選手に勝てるわけがない。

本当の戦いがどういうものか……。それを指導者はきちんと理解する必要があるし、それを念頭に置いて子供たちを教えていくべきなんだ。

俺はラテンスタイルのサッカーを学園で極めると決めて以来、何度もブラジルに足を運んだ。名門・サンパウロFCの監督やドゥンガなど代表監督になるようなビッグネームとも話をした。

そういう中で、繰り返し耳にした言葉がある。

「ブスカール（buscar）」だ。

直訳すると「探し求める」という意味だけど、サッカー界では「奪い取る」という意味で使われている。

勝つためには多少の悪いことをしても平気だと、ブラジルの人たちは考えている。

「イエローカードが3枚累積で出場停止になるなら、2枚まではやっていい」

「レフリーに分からない範囲なら、相手を引っ張っても大丈夫だ」

そういうふうに考えながら、戦っているんだ。

だから、目に見えないところでひじ打ちしたり、蹴りを入れたり、挑発したりといろんなことがピッチ上で行われている。やられた方は「やってくれたなお前、次はお前がやられるよ。俺に背中を見せるんじゃないよ」と耳元でささやいて、心理戦で優位に立とうとする。真剣勝負の中でそういう駆け引きがつねにあるんだ。

2006年ドイツワールドカップ決勝のイタリア対フランス戦でも、イタリアのDFマテラッツィがジダンを挑発し続けた結果、ジダンがキレて頭突きをし返して退場処分になるというアクシデントが起きた。

マテラッツィは「お前はアフリカからの移民じゃないか。バ〜カ」くらいのことは言っただろう。彼らにしてみれば、どんな手を使ってもワールドカップ優勝することの方が大事という確固たる価値観があるから、そういう行動に出る。勝利至上主義のイタリア人らしい1つの作戦なんだ。

プロ野球でも、名捕手だった野村克也のささやきが有名だった。野村は打者がバッターボックスに立つと「お前は下手だな。打てないぞ」「今度はカーブが来るぞ。お前はストレートしか打てないだろ」「最近オンナの方はどうした、うまく行ってるのか」とぼやきつづける。集中してピッチャーの投げるボールを読もうとしているバッターにとっては、とんでもない迷惑だ。が、野村はそれを分かってやり続けた。駆け引きの重要性を誰よりもよく理解していたからだ。

サッカーもきれいごとだけでは通らない。

ドロドロとしたものが混とんとする中で、逞しく勝てる選手を育てようとしないとダメなんだ。

俺はそう思っていたから、大胆なことをしたことがある。

ある年の選手権静岡県予選準決勝で藤枝東と戦ったんだけど、その日は雨だった。ピッチ状態や審判の傾向を考えた俺は、ＦＷの選手にこう言った。

「今日は雨だから、エリアの中はわざとドリブルで行け。相手を抜きに行って、倒れるんだ。絶対ＰＫ取れるから」と。

その選手は俺の言う通り、エリアに入ったら全部ドリブル突破をしかけて、４回もＰＫを取った。試合にも勝ったんだが、その後大乱闘となり、両チームあわせて６人も退場した。

そんなことを言う高校サッカーの監督はいないと思う。日本代表のハリルホジッチ監督も「日本人はＰＫを取らない」とぼやいていたけど、そういう指導を子供の頃から受けてこなかったから、品行方正なプレーしかできないんだ。

ブラジルではそうやって相手が驚くようなことをするのは当たり前。やられる方も分かっているからすっと逃げる。日本の子供はそこまで対処はうまくない。

今年の南米選手権（コパ・アメリカ２０１５）でもウルグアイ対チリで起こった事件は、まさに南米らしい。チリのハラがウルグアイのカバーニの尻に手を当て、指を動かすしぐさが映像に収まっていた。それで退場になったカバーニは、可哀想ではあるが、南米ではこれが常識だ。まさにこれが駆け引きなんだ。

清濁併せ呑むことができて、指導者は初めて一人前になれる。

それが俺の哲学だ。

練習のための練習はするな いつも試合をイメージさせろ！

うまくなるためには、多くの練習を積み重ねなければならない。それはどの指導者も選手も考える、当たり前のことだ。

俺もそういう信念を持っているから、学園で指導を始めた頃には1日四部練習もやったし、選手権準優勝の後、勝てなくなった後からは早朝練習も取り入れた。まだ夜も明けていない朝5時から、学園のグラウンドや草薙総合運動公園でリフティングやフェイントの練習をする選手たちの姿は、地元でも有名だった。

俺自身も「ボールを100万回蹴れ」がモットーだったから、どんなに前の晩、深酒しても、必ず朝起きてグラウンドへ行った。照明が使えない時には自分の車のヘッドライドをつけて、その明かりを頼りに子供たちにボールを蹴らせたもんだ。その練習量の多さは半端ではなかったと思う。

ただ、練習というのは単に長時間やればいいというものではない。

それに改めて、気づかせてくれたのが、将棋の廣津久雄九段。2008年に亡くなってしまったが、人格的にも素晴らしい人物だった。

その廣津先生に以前、こんな質問をしたことがある。

「羽生（善治＝永世名人）はなぜこんなに強いんですか？」

これに対する回答は斬新なものだった。

「練習のための練習をしてないからだ」と。

当時は80年代後半。羽生がまだ18歳くらいで、最初の旋風を巻き起こしていた頃だ。

そんな若者にとって「練習＝試合」というのは、驚きに値する事実だった。それが自分にとっての大きなヒントになり、練習と試合を同じ感覚で見ることにしようと考えたんだ。

例えば、練習中の紅白戦1つ取っても、試合を想定しながら采配をする。1人の選手を最終ラインから中盤、前線へと上げていくように、あるポジションで機能しなければよそへ移すことを頻繁にやるようになった。年齢や学年に関係なく、見どころのある選手だと思えばすぐにピッチに送り出す。実戦の場で使えるかどうか判断して、行けると思えば、すぐに試合に使うんだ。そういう大胆さが自分自身の中に芽生えていった。

普通の監督は、練習ゲームで少しずつ使って行って、多少できると思えば、実際の試合で5分、15分、45分とプレー時間を少しずつ伸ばし、雰囲気や環境に慣れるように仕向けていく。そういう使い方はあくまで練習。Jリーグでもそういう監督の起用法をよく見かけるけど、羽生のような突出した選手にはならないと思う。

そういった思い切った起用にトライして、プロになった選手の1人が南雄太（横浜FC）だ。

南は東京出身で、中学生までは読売サッカークラブのジュニアユースに通いながら、中体連でバスケットボールをやっていた選手だった。ヴェルディでは2つ上に小針清允（現帝京大学サッカー部GKコーチ）がいて、正直、そこまで期待された存在ではなかった。

そんな南が本気でサッカーをやりたいという気になって、俺のところに来た。

練習をさせてみたら、シュートに対する反応はいいし、メンタル的にも強い。直感的にいい選手だと思った。

「お前はバスケットをやっていたから、全部手で投げろ」と指示した。それがあいつの大きな武器。学園の攻撃サッカーの起点になれると判断したから、俺は1年のうちから選手権のメンバーに入れ、正守護神としてゴールを守らせた。

平成7年の選手権優勝チームは森山敦司、桜井孝司、塩川岳人と攻撃的な選手が多かったけど、守りの方はボランチの石井俊也とセンターバックの森川拓巳がコントロールしていた。その背後に南が入って守りも落ち着いたし、何よりスローインの精度が高くて、ビルドアップに貢献してくれた。準決勝の東福岡、決勝の鹿児島実業と本当によく戦ってくれた。

それを理解していないテレビ局のスタッフが「南選手はボールが蹴れないんですか？蹴ったところを見たことがありません」とバカな質問をしてきたことがある。

俺は本当にサッカーを知らないなと思った。

「学園はボールをつなぐためにわざとボールを投げさせている。あいつはもともとバスケットをやっていたから、肩が強いし、遠くまでボールを投げられる。投げたボールっていうのは、蹴ったボールと違って敵に渡る心配はない。学園のペースでずっと試合を運べるんだよ」と説明してやった。

当時は「ボールポゼッション」なんて気の利いた言い方はまだ日本全国に浸透していなかったけど、その走りだった。南にはそれだけの能力があると見抜いたから、練習の時から試合のように扱い、本番で活躍するように仕向けたんだ。

南は高校生のうちに日本ユース代表に選ばれ、97年ワールドユース（マレーシア）に飛び級で出た。柳沢敦（現鹿島アントラーズコーチ）や明神（智和＝ガンバ大阪）、中村俊輔たちと一緒に戦い、ベスト8進出に貢献した。卒業後は柏レイソルに行き、99年ワールドユース（ナイジェリア）準優勝と順調なステップを踏み出したと思ったけど、日本代表監督のフィリップ・トルシエと相性が悪くて、日本代表にはなれなかった。それでも学園に来たことで大きく飛躍した選手の1人であることには変わらない。

選手権みたいな大舞台で勝とうと思うなら、練習＝試合という位置づけで毎日を過ごしていかないと、本番になったら絶対に持てる力の全てを出し切れない。練習は練習だと割り切っているようじゃ、勝てるチームも作れないし、大舞台で戦える選手も作れない。

そのことは肝に銘じた方がいい。

選手を成長させるハングリー精神の追求

今の日本は、自分が満州から引き上げてきた幼少期には全く想像もできなかったほど豊かになっている。

昭和から平成へ移行した約25年前のバブル時代ほどではないにせよ、日本の場合は街中に失業者やホームレスがあふれているわけではないし、ひったくりや泥棒が日常茶飯事のように出没するわけでもない。こんなに安全で平和な国は滅多にない。ブラジルのようにファベーラ（貧民街）から出てきた選手が名を挙げ、世界へ羽ばたくような例は、日本には少ないのが現実だ。

「そういう環境下ではハングリー精神は育たない」と言う人は少なくない。

確かに、貧乏で飯が食えないから、絶対にこの日の試合に勝って銭を稼がなければばいけないような選手は、目の色を変えて戦うだろう。そういう種類のハングリー精神というのは、確かに存在する。

だが、俺は「ハングリー」という言葉には別の側面があると思っている。

かつてゴルフ界にジャック・ニクラウスという「帝王」の異名を取った名選手がいた。2005年に引退し、現在は第一線からは退いているが、全米や全豪などのビッグトーナメントを次々と制した、誰もが知る人物である。

彼は貧乏人の子供ではなかった。にもかかわらず大成している。その理由は極めてシンプルだ。

ニクラウスは、自らの技術向上に対してどこまでもハングリーだったのだ。

だからこそ、高齢になるまで、より高いものを追い求め続けた。その貪欲な姿勢は引退するまで衰えることがなかった。

人をハングリーにさせるのは、生い立ちという要素だけではないのだ。

この例をサッカーに置き換えてみると、選手にはそれぞれ足りない部分がある。ある選手は足の遅いことに悩み、ある選手はフィジカル的に弱いことが課題だったりする。

いくらドリブル練習をしても思うようにボールコントロールができなかったり、シュートがなかなか決まらないというのはよくあることだろう。

このマイナス面を克服するために、何らかのアクションを起こさなければいけないと考え、自ら取り組んでいける選手は、ハングリーであり続けられる。

そういう前向きな思考を持てる人間でなければ、決して大成しないのだ。

俺自身も、昭和51年度の選手権のことを忘れたことは一度もない。初の選手権出場で、有ヶ谷二郎や三浦哲治や宮本昭義、1年生だった杉山誠・実兄弟たちの活躍もあってとんとん拍子で決勝まで勝ち上がれたものの、最後に浦和南に4－5で敗れたショックは非常に大きかった。

自分としては、ウチの持ち味であるボールをキープしてドリブルでゆっくり攻めるサッカーがどの程度できるかが「勝負のカギ」だと思っていた。が、ボールを持ち過ぎる悪い面が出てしまった。そこを浦和南は狙っていた。中盤からの素早いつぶしを仕掛けてきて、ウチの選手たちが不用意にボールを奪われ、カウンターを決められた。選手たちはよくやってくれたと思ったが、あのつぶしに屈するようなテクニックではダメだと感じたのもまた事実だ。

「来年はこれを超えるテクニックを身につけて、再び選手権決勝の舞台に戻ってくるんだ」と強く決意したのをよく覚えている。

　それを果たすまで20年近い年月がかかってしまったが、俺ら学園の選手たちと一緒に大願成就させた。そこまで気持ちを維持できたのも、あの時の悔しさと挫折感があったから。壁にぶつかった方が、ハングリー精神は育つのだ。

　ちょっとした壁にぶつかった時、人は「自分には才能がないから努力しても無駄だ」と諦めてしまいがちだ。しかし、生まれつきの才能というのは、それほど大差のあるものではない。時間をかけて努力すれば、埋められない差はほぼないと俺は考えている。

　そこで、肝心の一歩踏ん張るかどうか……。

　この一歩が、成功者と失敗者の分かれ道なのだ。

　1から99までは、普通の身体能力と才能、努力で誰でも到達できる。しかし最後の一歩というのはとにかく苦しい。その壁を破れるかどうかは、ほんのちょっとの差でしかないが、そこで諦めて引き返してしまう人と、何とかして乗り越えてしまう人がいる。両者の結末は天と地ほどの差になるのだ。

　苦しい苦しい一歩を乗り越えるためにも、自分の中でハングリー精神を持ち続けることが肝要だ。

繰り返しになるが、ハングリーというのは貧困や不遇などの外的要素だけに起因するものではない。

それを指導者はしっかりと再認識したうえで、子供たちの内的ハングリー精神を引き出すように仕向けていくべきだ。

試合に負けた時こそ指導者の資質が問われる

指導者をやっていれば、勝ち負けの厳しさには日々、直面することになる。

世界屈指の金持ちクラブのレアル・マドリードやバルセロナ、バイエルン・ミュンヘンの監督だったら、クリスティアーノ・ロナウドやメッシ、ネイマールみたいなタレントをぞろぞろ揃えているから、負ける回数は少ないかもしれないけど、そういうチームの指導者でも敗戦を避けて通るわけにはいかない。

負けというのは、指導者にとって最も辛い出来事に他ならない。

俺自身もこれでもかこれでもかというくらい負けてきた。学園で教え始めた頃なんか、全くと言っていいほど勝てなかった。

選手を引っぱたいたこともあるし、100本ダッシュをさせたこともあるけど、敗戦の後は選手たちもガッカリしている。俺たち指導者は、選手に対する言葉のかけ方、どう気持ちを再び高めさせるか、自信の持たせるかといった点に気を遣わなければいけない。次の試合へのアプローチも重要だ。特に試合の入り方は肝心。同じ失敗を繰り返さないようにしないといけない。

試合に負けた後、自分自身はいろんなことを考えてきた。選手権や選手権静岡県予選決勝といった大舞台で敗戦を食らえば、やはりショックは大きい。家に帰って1人で酒を飲みつつ、何が悪かったかを真剣に考えた。ストレスを大きくしないようにしながら、自問自答を繰り返し、明日からどうすべきかを決める……。その作業は指導者が成長していくうえで不可欠なことだ。

そこで、絶対にやってはいけないのは、人のせいにすること。

「あそこであいつがミスをしたから負けた」「審判の判定が悪かった」「相手の監督が汚い手を使ってきた」と責任転嫁して、周りに八つ当たりするような人間は最悪だ。そういう矜持が俺の中にはあったから、そうしないように努めてきたつもりだし、あえて自分の欠点を探すようにしてきた。足りない面、改善点が明確になれば、そこに取り組むだけでいい。極めてシンプルなことだんだ。

「一度、頭を冷やして冷静になってから、客観的な分析をした方がいい」と言う考え方の人もいるだろうけど、俺はそうは思わない。

鉄は熱いうちに打て。

反省はできるだけ早くした方がいい。

それが自分のポリシーだ。

指導者にとって一番大切なのは情熱だと前にも強調したが、悔しさが残っている時ほど人間は大きなエネルギーが出せる。絶対にやり返してやろうと貪欲になるし、アグレッシブにサッカーに向かっていく。だからこそ、反省はできるだけ早くすべき。俺はそう言いたい。

自分にとって反省の連続だったのは、昭和51年度の選手権準優勝から足掛け14年、静岡で勝てなかった間だ。のちに大阪商業大から松下電器に進んだ松永英機（名古屋グランパス・チーム統括部・テクニカルダイレクター）がいた昭和54年（79年）度は高校総体でも県で準優勝している。三浦泰年のいた昭和58年（83年）度は高校総体も選手権も決勝まで進んでいる。それでも、当時全盛期だった清水の牙城を崩せなかった。俺自身、とことんまで頭を悩ませた。

そこで、ひらめいたのが、外部コーチの招へいだった。サンパウロFCのユースで指導をしていた熟練コーチで、カカ（MLS・オークランドシティ）なんかを育てたシルバを呼ぶことにしたんだ。1年間はシルバに練習を任せて、俺は何をするか外から見ていた。

俺は最初から3バックのゾーンにこだわり続けていたけど、シルバはブラジルで主流だった4バックも導入して、両方を使えるように練習からやっていた。それを見て、確かに前後半で3バックと4バックを使い分けたり、対戦相手の出方によってシステムを流動的に変化させられれば、チームにとってプラスになる。そのことをまず感じた。

さらにシルバはハーフコートでのゲームを何度も何度も繰り返した。CKやFKも全部その中で行う。ピッチが狭い分、セットプレーも変化をつけながらやらないといけないから、選手たちはショートコーナーとか、FKのトリックプレーとかいろんなことを工夫しなければいけなくなる。ゴール前の局面も狭い分、より高度なテクニックやひらめき、創造性、コンビネーションがなければ打開できない。そういうことを徹底させることで、選手たちは確実に変わっていった。

平成4年（92年）度にやっとの思いで静岡県を勝ち抜いて選手権に行けたのも、負けを繰り返した結果、何かを変えないといけないという強い危機感を持ち、それを実行したから、やっと自分の思い描く舞台に手が届いたんだと思う。

負けることは自分を成長させる最高の機会だ。

だから、辛いけど、負けを恐れちゃいけない。

若い指導者には声を大にして、そのことを言いたい。

誰でも壁にぶつかる時はある それでも己を貫くことができるか

どんなに頑張っていても、うまくいかないことはある。

サッカーの指導者をしていたら、そんなことはしょっちゅうだ。

俺自身も選手たちが思うように成長しなかったり、静岡県で勝てずに苦しんだり、学園独特のブラジル流のスタイルを目の敵にされて激しい批判を受けたりと、物事が順風満帆に運ばなかったことの方が多いくらいだ。

指導者人生最初の大きなショックと言えたのが、昭和51年度の選手権決勝での敗戦だった。

まず浦和南に勝てなかったことで相当な悔しさを味わったが、それ以上にウチのスタイルへの反発が想像以上に大きかったのには驚かされた。

「テクニック溢れるサッカーを中学生年代でできれば日本の未来は明るいが、高校生のチームでやることには非常に問題があると思う」

「立ち上がりは4対0、5対0になるんじゃないかと思うくらい、最終ラインが不用意にボールを横パスしたり、キープしたりしていた」

「スピードも足りないし、ボールコントロールのよさだけで勝つのはなかなか難しい」

「ダブルエムシステム（当時の主流）の生かし方をもっと考えないと。あれでは守り切れない」

こういった否定的な意見が日本サッカー界のあちこちから聞こえてきて、正直、かなりの苛立ちを覚えた。自分自身、我慢するのが精一杯だった。

1970年のメキシコワールドカップで優勝したブラジルをビデオで見返すと、まるで散歩をしながらサッカーをしているように映る。

イングランド人はそれを「ウォーキングサッカー」と名付けた。

この言葉を聞いて、まるで我々のスタイルだと感じたが、同時に大変誤解を生みやすいものでもある。

学園のサッカーは味方から味方へと確実にパスをつないで、ゆっくり相手陣内に押し寄せることが試合中にしばしばある。そういうプレーを見て「スピードがない」「ムダな横パスやキープが多すぎる」と言うのは、本当の狙いが見えていない証拠。パスをつなぐ自分たちに相手が寄せてきたら、走り出してワンツーを使い、スルーパスを通し、ドリブルで突破する。

ブラジルは実際にそれを実行していた。欧州のトップクラブもそういうスタイルをピッチ上で表現していたんだ。

どんなスポーツでもリズムが重要だ。リズムがなければ、テニスでも、ゴルフでも、水泳でも、マラソンでも成功はありえない。

サッカーでも一流の選手とチームはゆっくりしたプレーとスピードに乗ったプレー、右へパスしたら左にもパスを入れるといった臨機応変なプレーに長けている。緩急をうまくつけられてこそ、芸術的かつインテリジェンスの溢れるサッカーを成り立たせることができるのだ。

その原動力となるのが完璧なボールコントロールとドリブルに他ならない。そのテクニックを磨くことの重要性は疑いの余地もないこと。

俺は、ずっとそう信じて疑わなかった。

「いつになったら理解されるのだろうか……」

そんな辛い気持ちになったことも確かにあったが、カッコいい男は簡単にブレてはいけないんだ。

人はよく「壁にぶつかる」という表現をするけれども、俺はそんなふうに考えたことはない。勝てなかったり、人から批判されるのは努力が足りないだけ。壁なんていうのは一流になった人がぶつかるのであって、俺はただ練習が足りないだけ、自分や選手個々の力量が足りないだけだと考えてきたんだ。

「もっと練習しなくちゃなんない」

「30分走るつもりだったら、50分にしなければならない」

「シュート練習も100回のつもりだったら、千回やろう」

そういう発想で、とにかくとことんまで努力し続けるしかないんだ。

俺の前に立ちはだかったのは、サッカースタイルへの批判だけじゃない。平成4年度まで静岡で勝てなかった間には、清水東、清商、東海大一の「清水3強」に包囲網を敷かれた。平成4年度の高校総体の時なんか、学園が全国に行けないように、インターハイベスト4からの戦いがいきなりトーナメント方式からリーグ戦に変更されるという信じ難い出来事にも直面したくらいだ。

だが、俺はそんな状況を逆に一番、面白いと感じた。

やりがいがあったし、勇気づけられた。周りから苦境に追い込まれて、そのたびに「この野郎、いつかやり返してやる」と思う。

ライバルチームも「井田だけには負けない」と思ってぶつかってきていたと思う。そういう好敵手がいた時が、本当に一番ワクワクした。

平成7年度の選手権優勝以降、毎年のようにJリーガーになる選手を送り出し、チームも全国に行けるようになったのは、その時期の好敵手の存在が力になった部分も大きかったかもしれない。

いずれにしても、多少の障害を目の当たりにしても、それでひるんでいたら、自分が理想とする真の境地にはたどり着けない。

長い間の継続こそ、本物の力となる。

そして周りの理解にもつながっていく。

そうやってじっくりとサッカーに向き合っていくことが大切だ。

子供への声かけに「バカヤロー」は必要

最近、ある高校の指導者が選手に対して「バカヤロー」と怒鳴ったら、保護者から「パワハラ（パワー・ハラスメント）だ」と訴えられて、辞める辞めないで揉めているという話を聞いた。

そういう話を聞いて、時代が変わったなと痛感せざるを得ない。

俺たちが若かった頃は、選手を鼓舞するために大声を出したり、全員の前で怒ったり、ゲンコツを食らわせたりするのは当たり前。

「お前、ぶっさらうぞ（静岡弁でボコボコにするぞの意味）」というのは、俺の口癖だった。

教え子たちはみんな、俺の一挙手一投足に震え上がった覚えがあるんじゃないかと思う。

勝負の世界では勝ち負けに厳しくならなければいけない。1人が致命的なミスを犯せば、チームは負け、一生懸命戦った仲間に迷惑をかけてしまう。そういう失敗は回避しなければいけないのは当たり前だ。ダメなものはダメということを分からせるには、指導者がつねに普通の優しい対応を取っていればいいというものではない。

時には、ぶっさらってでも物事の厳しさを理解させる必要があると俺は考える。叩かれた痛みを知っている人間は、物事を深刻に捉えて、次こそはきちんとやらなければいけないと肝に銘じる。指導者には鬼になるべき時はあるんだ。

実際に学園で子供を教えていた時も、こんな出来事があった。

「今から10分走れ。10分だぞ」と俺が指示して、選手たちは1本ずつダッシュをし始めた。だけど、どうも気合が入っていないし、やらされているという態度でいやいやながら取り組んでいるのが、自分にはすぐに分かった。

そこで、俺は「あと追加3本」「あと1本」と本数をどんどん伸ばしていって、当然、時間も長くなっていく。

「コーチの鬼」「人でなし」「とんでもない」

選手たちからはいろんな言葉が聞こえてくるけど、俺はお構いなしだ。今の保護者から見れば、そういう指導は「パワハラ」ってことになるのかもしれないけど、絶対に妥協しない。それが俺のやり方なんだ。

こういう極限状態を続けると、選手たちは文句を言ったり、泣いたりするネガティブな方向から、みんなで掛け声をかけあったり、校歌を歌ったりと団結して乗り越えようというムードに変わっていく。「みんなで頑張ろうぜ」と誰かが言い出したりして、俄然、熱気が高まってくるんだ。

そのうち、ダッシュのやり方も工夫を凝らすようになる。「走る距離を少しでも短くしよう」「休める時間を長くしよう」「トイレ行くふりして水を飲んでしまおう」と知恵を絞るんだ。俺にはズルをしているのはお見通しだけど、サッカーにはそういう部分もある。人の目を盗んでうまくやるのは大事なことだ。

最終的に100本くらい走り終わったところで、俺はOKだと判断した。

「よし、終わりだ」と。

選手たちの安堵感と達成感いっぱいの表情は、今も忘れられない。

こんなふうに監督である自分と選手がお互いに駆け引きしながら、ちょうどいい距離感や関係性を見出していく……。それがスポーツの指導現場というものだ。ある時は怒鳴りつけ、ぶっさらうけど、別の時には「おし、よくやった」「今日はすごい頑張った」「うまくなったな」と素直に褒めてやる。そうすることでやる気も高まり、向上心も上がる。

そこに関係のない保護者や関係者は本来、立ち入ることができないものんだ。にもかかわわず、今の時代は部外者がどんどん現場に口を出すようになってしまった。他人が指導者の言動を見て、「問題だ」「差別だ」「人権侵害だ」などと騒ぎ立てていたら、健全な指導なんかできない。日本の子供たちから逞しさがなくなってきたのは、そういう大人たちが悪いんだ。

2015年夏の全国中学校サッカー大会に出た学園中のアドバイザーとして帯広に行った時も、驚くべきことがあった。

まず試合前の選手紹介。

「1番、GK、○○さん」「2番、DF、○○さん」と男子の大会なのに全部さんづけで紹介していたんだ。

どうやら理由は「男子が君、女子がさんと区分けすると差別につながりやすいから、全員を平等に扱うためにさんづけに統一した」ということらしい。だが、男子の試合で「〇〇さん」はどう考えても違和感が残る。高校野球だって選手の敬称は「君」だろう。こういう平等意識を俺は「悪平等」と呼んでいるが、それも指導現場ががんじがらめにされる一因になっていると思う。

試合中の指示の仕方についても物言いがついたから驚きだ。

学園中の監督の岡島が、横パスをしてボールを奪われた選手に声を荒げたんだ。

「お前、横パスはダメだと言っただろう。気をつけろ」と。

これを見ていたJFAの関係者が試合後、「岡島監督は選手をリスペクトしていません。言い方を改善してください」と言ってきたんだ。

岡島も俺も「冗談じゃない」と言い返したけど、少し強い言葉を言うだけで、そんなふうに注文をつけられていたんじゃ、勝ちにこだわるサッカー指導なんかできるはずがない。

どうやらそのスタッフは、「ウェルフェアオフィサー」という役職の人間で、スポーツ界にはびこる暴力指導の一掃を目指して、ＪＦＡが新たに派遣するようになった「見守り役」だという。選手への体罰や威圧的な言動がなかったか、試合後に指導者に感想を伝え、改善を促すのが仕事らしい。

イングランドの制度を模したもので、ＪＦＡは「国内ではこれまでになかった暴力排除の具体策。他のスポーツにも波及させたい」と意気込んでいるようだけど、俺にしてみればバカげている話でしかない。

監督やコーチが選手に対する声のかけ方、モチベーションの上げ方を自分で考えられなくて、まともな指導ができるはずがない。選手だって、確固たる指導理念やポリシーのない人間の言うことなど聞かなくなるだろう。

このウェルフェアオフィサー1つ取ってみてもそうだが、現代の日本は余計なお世話が多すぎる。「地震が起きて津波が来るかもしれないから注意してください」「大雨で洪水の可能性があるから気を付けてください」「電車が揺れますから吊革におつかまりくださ い」と、何でも先回りして防ごうとする。でも、本来、津波や洪水は自分で危険を察知して避難すべきだし、電車が揺れたらさっとどこかにつかまるのが当たり前。

こういう「転ばぬ先の杖」ばかりの世の中が、指示待ち人間を作るんだ。

サッカーは相手との駆け引き、読み合い、化かし合いのスポーツ。監督の指示や警告ばかり待っていたら、いいプレーはできないし、相手に勝つこともできない。指示待ち人間を減らす方向に持っていかないと本当にダメなんだ。

いずれにしても、俺はウェルフェアオフィサーが何と言おうと「バカヤロー」は必要だと思うし、ぶっさらうこともあっていいと考える。

それが50年間、現場に立ち続けてきた井田勝通の流儀だ。

情熱を持って指導することを絶対に忘れないでほしい

最近の日本代表の陣容を見ていると、静岡出身の選手は年々、減る一方だ。

日本が初めてワールドカップに出場した98年フランス大会の頃は、カズ（三浦知良）は監督の岡田武史に最終的に外されたものの、中山雅史（アスルクラロ沼津）や名波浩（ジュビロ磐田監督）、川口能活（FC岐阜）、18歳だった小野伸二（コンサドーレ札幌）に至るまで、10人近い選手がメンバーに入っていた。

それが２０１４年ブラジルワールドカップでは長谷部（誠＝フランクフルト）と内田（篤人＝シャルケ）の２人だけ。ハリルホジッチが監督になってからは内田がケガで離脱していることもあって、30代の長谷部1人という寂しい状況だ。

その要因を考えてみると、前にも少し話した通り、自分の生活を犠牲にしても、熱い情熱を持って「日本代表になるくらいのいい選手を育てたい」とまい進する中高の指導者がいなくなったことが大きい。

正直言って、みんなサラリーマンだ。

Ｊクラブや町クラブで働いているプロの指導者はサラリーマン的だし、学校の先生はもっとそう。時間通りに来て、時間通りに教えて「ハイ、さよなら」だ。

俺たちみたいに、人より早くグラウンドに来て朝練をやって、午後も人より早く来て練習して、全体トレーニングが終わったら、居残りでプラス1時間練習をするという発想がないように感じられて仕方がない。

確かに今の学校の先生は忙しい。教育委員会や学校の管理職から「勉強しろ」「進学率を上げろ」と際限なく求められるから、部活動の指導まで手が回らないという人も多いと思う。

サッカーばかりに力を入れていたら「問題教師」というレッテルを貼られて、どこか地方に飛ばされてしまうことだって考えられる。そうなると家族も子供も困るだろうし、本人もストレスを抱えることになる。

そういう社会的事情は俺にも理解できる。

ただ、強くなるためには、人の何倍も努力してやる。全てを犠牲にしてやる。そういう姿勢がなかったら、トップに立つことはできないし、世界に名を馳せるような際立ったタレントを作り上げることなんかできないんだ。

そういう「キチガイのような指導者」が、俺の若かった頃の静岡にはたくさんいたのが紛れもない事実だ。

その落差は痛切に感じるところだ。

実際、俺自身もある時期までは家庭を顧みず、サッカー一色だった。

子供と一緒にディズニーランドに行ったことなんかないし、家族旅行も40年間、一度も行っていない。そんなことは当たり前だと思ってやっていた。

チームを強くして、いい選手を育てるためには、全てを注がなければダメなんだ。

特に20代、30代はそうやってサッカーに心血注げる絶好のチャンス。ひたすら何かに打ち込んで、いい結果を出すために努力するというのは、いい人生を送るために必要なことなんだ。

片手間で効率的に回そうと思ったって、本物にはなれない。

それは、どの世界でも一緒だ。

加えて言うと、練習内容も生ぬるくなってしまっている。

「はい、パス」「はい、ドリブル」「はい、シュート」という感じで、機械的にこなしているチームが多い。

本当に燃えて、楽しく元気よく練習している風景が本当に少なくなったと感じる。

子供たちのサッカーに対する意欲や興味が失われているわけでは決してないんだ。岡部のチームの少年たちも終わる予定の時間が過ぎたって「もう終わり?」「コーチ、もっとやりたいよ」と言ってくる。俺も70歳過ぎているけど、老体にムチ打って、子供たちに付き合ってやる。子供の目の輝きには圧倒させられることが多い。

そういう少年たちに対して、指導者は情熱を持って、柔軟な発想をしながら向き合わなければいけないのに、お仕着せの練習メニューをただ与えている。

キックも「インサイドキックで固定しろ」と言う指導者は多いけど、インサイドでしか蹴れなかったら、前や横にしかボールを出せなくなる。そこで足裏も使えたら、いろんなアイディアやイメージが湧いてくるはずだ。

指導者はいろいろ考えながら、独自性を出していかなければいけない。

「東京五輪のエンブレムが盗作じゃないか」という疑惑が持ち上がって、エンブレム自体を作り直すことになったくらい、今の時代は何でも簡単に情報が入るし、人真似もコピーも容易にできる。だからこそ、自分のアイディアやオリジナリティを追求していくべきなんだ。

俺自身もこれまでブラジルやアルゼンチンへ行って、名門クラブの練習法を学んできたけど、それをそっくり真似したことなんか一度もない。選手のレベルや発達段階、環境なんかを見ながら、自分のアイディアをプラスして練習メニューや進め方を考える。ブラジル人やアルゼンチン人と日本人は個性も特徴も違うし、小学生なのか中学生なのか高校生なのかでやるべきことも変わる。そういう要素を頭に入れつつ、アレンジできなければ、選手を満足させられるいい指導はできない。

自分の若い頃を振り返ってみても、ボールリフティングが最初は5〜10種類しかなかったという話はすでにしたと思う。

それもデットマール・クラマーさんが日本に伝えてきたものを参考にしながら、インステップ、インサイド、アウトサイド、もも、頭という感じでやっていただけだった。ベーシックなところからスタートして、つま先で突いて、ボールを逆回転させて、スルスルとエレベーターのように上げて、それを止めて、また下ろしていくというエレベーターという技まで発展させたり、地面に足をつけて、つま先、インサイド、アウトサイド、かかと、ももで止めて回す形まで持って行ったりした。

そうやって、俺自身のアイディアで進化させていったんだ。

とにかく、改めて強調しておきたいのは、指導者は「他の人と同じことをやっていればいい」という横並び意識だけでは成長しないということ。

JFAの指導者ライセンス講習会へ行って、学ぶことは確かに意味のあることだけど、それだけで満足していたらダメだ。

学校教育やライセンス講習会というのは、答えが決まり切っている。

「1＋1＝2」だと。

だけど、サッカーっていうのは、1＋1が3になったり、4になったりする可能性がある。

11人の戦いも、チームと選手がまとまっていけば、12、13の力を発揮できる。

逆にチームがバラバラになったり、1人の選手が勝手なことをして足を引っ張ったら、10や9になることだってある。

俺は、日本中の指導者に、声を大にして言いたい。

「常識を打ち破れ」

「独創性をとことん追求しろ」

「そういう燃えるような情熱を持て」と。

Column 教え子たちからのメッセージ

松永 英機

昭和55年度卒

1963年、静岡県生まれ。サッカーの盛んな地域であった藤枝から静岡学園高校に入学。その後、大阪商業大学サッカー部で所属し、全日本大学選手権で2連覇を果たす。大学卒業後は、松下電器産業サッカー部（ガンバ大阪の前身）でプレー。1991年に現役引退した後は、指導の道へと進み、松下電器やガンバ大阪でコーチを務め、1996年のアトランタ五輪ではスカウティングスタッフを務める。Jクラブの監督を歴任するなど、さまざまなクラブを渡り歩き、現在は名古屋グランパスのチーム統括部育成テクニカルダイレクターを務める。

井田コーチの口説き文句は「歩くようなサッカーをするぞ！」

僕は静岡学園が昭和51年度の高校選手権で浦和南と4－5という壮絶な試合をしたのを目の当たりにし、ドリブルやテクニック主体のスタイルに憧れて、藤枝から学園へ行きました。

その名勝負に1年生で先発出場した杉山誠・実さん、神保英明さんも藤枝出身。後輩の向島建もそうです。藤枝には早いうちからサッカー文化が根づいていましたから、個人技と戦術眼を持った子供たちが多かった。そういう人材が何人も学園へ行くようになって、チームのレベルも多少なりとも上がったんじゃないかなと感じます。

それだけ、伝説の選手権決勝のインパクトは凄まじいものがあった。僕自身にとっても非常にショッキングな出来事でした。そんな僕らに対して、井田コーチが言った口説き文句があります。

「歩くようなサッカーをするぞ！」と。

最初は正直、その意味がよく分かりませんでした。

「走らなくていいから、ラクができるな」と単純に思ったくらいです。

だけど、実際に学園へ行ってみると練習は走りばっかり。本当に面食らいました。

もちろん、井田コーチの中には、明確な理論がありました。

「技術を生かすためには、走らなければいけないんだ」と。また、「走ることによってメンタルが成長する」そういう信念の下にやっていたんで、走ることに関しては、清水東や清水商にも負けていなかったと思います。

その一方で、「本質は個人だ」という考えは当時から根強くありましたし、今も変わっていません。学園のスタイルとして確立しています。

「急ぎすぎるな、ゆっくりやれ。ドリブルやフェイントで相手を困らせろ」と井田コーチが口癖のように言っていた通り、個人技術を重視する方向性は大人になってからも絶対に生きてくる。それは、自分自身が大商大や松下電器でプレーして実感したことです。

今の日本サッカーを見ると、個々のスキルや戦術といった個人の部分が疎かになっている傾向が強いように感じます。サッカーは1人でボールを取られないということが基本。ボールが来たらパスの選択肢しかなく、日本の子供たちはスペインやアルゼンチンの子供たちと比べると本当にあっさりとパスカットされてしまう。海外のチームと戦うと、個人が持たなければいけないスキルの差が圧倒的に大きいと痛感します。だからこそ、井田コーチの哲学がいかに意味のあることかを、僕らは再認識すべきです。

そういう考え方なので、ボールを扱う回数や時間もライバル・清水のチームより圧倒的に多かったという自負があります。早朝練習から始まり、夜遅くまでやっていましたから。その成果があって、みんな高校3年間でしっかりした技術を身につけて卒業していきました。

象徴的な存在だったのが、1つ下のFW西出拓司という選手です。

彼は和歌山から越境入学してきた選手で、入学してきた頃はボールリフティングなんか全くできなかった。そんな15歳の少年が静岡市内に下宿していたアドバンテージを生かし、朝6時前から早朝練習に取り組み、夜も22〜23時までボールを蹴り続けた。地道な努力によって着実にうまくなり、高校3年で卒業する頃には日本ユース代表になっていました。

その後、関東大学リーグの強豪だった東京農大に進み、ヤンマーに入ってJSLでも活躍しました。現在は地元・和歌山の海南で「ミラグロッソカイナンSC」というクラブチームの代表をやっていますけど、こういう選手が学園からは次々と出てきました。

西出は確かに生来のフィジカル能力やあきらめないメンタリティを持っていたけど、そこまで高い技術は持ち合わせていなかった。学園と言うと、カズ（三浦知良）やヤス（三浦泰年）が代名詞かもしれないですけど、彼らの先輩にもそうやって努力をして、日の丸を背負うところまで行った選手は実際にいたんです。僕らも先輩方の血を引いて、後輩に受け継いでいこうという意識は強く持っていました。

井田コーチは技術の高い子、低い子に関係なく、真摯な姿勢で選手と向き合いながら、やる気にさせる術に物凄く長けた指導者でした。

例えば、ボールリフティング1つ取っても、全員に競争させようとする。「あいつができたんだから、俺もできるはずだ」という気にさせるんです。「日本サッカーを変えるんだ」「世界に対抗するにはこの技術が必要なんだ」といった夢を練習中に夢を語ることもありました。

当時は「ダイヤモンドサッカー」でしか海外サッカーを見られない時代。そんな頃に井田コーチは、毎年のようにブラジルへ行って、新しい情報を仕入れてきていました。学校の放送室でサンバのカーニバルの音楽を流したこともありました。日本人は盆踊りをやっているのに、サンバのリズムでやるなんて当然できないけど、そういうことにトライして、選手たちがどう変化するかを見ているんです。こうしたチャレンジ精神も頭抜けたものがありました。

理不尽なことも、平気でしました。

僕らが1年の時、選手権静岡県予選前に日大三島高校で文化祭の招待試合があったんですが、そこで1－3で負けた後には「お前ら、歩いて帰れ」と言い放ち、自分だけ先に車で帰ってしまったことがありました。

杉山さん兄弟や宮原真司さん、森下申一さんたち先輩と一緒に、僕らは三島からトボトボと歩いて帰りました。当然、その日のうちには静岡までは到着できず、お寺の境内に野宿して、翌朝5時くらいに起きて、富士川近くの浜辺を歩いて、最終的には電車に乗って静岡までたどり着いたんです。さすがに父兄も心配して、学校に集まり、大騒ぎになったようですけど、そういうことをやれた時代でもあった。今になってみると懐かしい気がします。

今の時代だったら「コンプライアンス違反だ」「パワハラだ」といった話になってしまうでしょうけど、指導者が逃げずに情熱を持って子供たちと向き合った結果。そのことを選手側はよく分かっていました。この後、チーム全体が結束して、静岡県大会を勝ち抜いて選手権出場を果たすことができました。僕らにとっても非常に大きなターニングポイントになったと思っています。

自分たちが2年の時は、高校総体の県予選で準優勝、3年の時は新人戦準優勝と全国の舞台に立つことはできませんでした。2年の総体予選は決勝で清商と当たって1－6で大敗した。それでも井田コーチは「俺たちは学園のサッカーで勝つんだ」と絶対に信念を曲げることはありませんでした。「学園」対「清水」という構図はその後もずっと続きましたが、それが井田コーチのハートに火をつける要素になったのは間違いないと思います。お互い切磋琢磨することでレベルアップする。だからこそ、静岡は強かったし、長い間、サッカー王国として君臨してきたんだと思います。

僕らが高校生だった頃は、井田コーチを筆頭に個性的な指導者が数多くいた。そういう人が少なくなったのは残念ですけど、学園は井田イズムを今も引き継いでいる。それをOBとして誇らしく感じますし、未来永劫、しっかりと貫き続けてほしいと強く思います。

第二章

技術力

求めるサッカーはつねに「美しくある」べき

「花は桜木、人は武士」

日本の古いことわざに、こういうものがある。

「桜の散り際は美しい、はかなくも潔い散り方が人の心を打つ。武士の死にざまもはかない。損得よりも名誉を重んずる精神は敬服に値する」という意味だ。

俺は、まさに「男の美学」を表していると思う。

日本人の男に生まれた以上、唯一の人生に何かを賭けて、夢や希望を追い求め続けて、死ぬまでカッコよく生きるべきだ。

志を立てて、大目標を見つけたら、遮二無二進んでいかなければいけないんだ。

そう考えて、俺は今、継続していることがいくつもある。

一つは『大学』という本を一日も休まず、毎日読むこと。

10年がかりで3650回読もうと思っていて、すでに七年目になったが、2500回を超えた。

最初はキレイだった本がページをめくるたびに汚くなり、ボロボロになっていく。アルゼンチンに行った時も持って行ったが、自分で決めた以上は、雨の日も風の日も素読みをし続けるんだ。

そのほかには、腹筋も1日600回と決めて、やり始めてから1年半以上が過ぎたし、最近は鉄アレイでも鍛えるようにしている。

ダルマの墨の絵を描くことも毎日やっている。

そして、サッカーのグラウンドに出る時は必ずサングラスをする。それも1つのポリシーだ。

夏の大会に出た時、何もしないとまぶしく感じたのが、使うようになった直接的なきっかけだった。

サングラスをかければ、顔色が分からないというメリットも発見した。サッカーの監督をやっていれば、悩んだり、悔しかったり、泣きたくなる時がある。そういう時もサングラスが隠してくれる。

もちろん、ファッションの意味でも愛用している。これまで300個以上買ったけど、ドイツやイタリアのカッコいいものも持っている。やはりオシャレに欠かせない自分の必須アイテムだ。

サングラスをかけていたカッコいい有名人に石原裕次郎がいた。今の若い人たちには裕次郎の素晴らしさは分からないだろうけど、俺たちが若者だった頃は絶大な支持を得ていた。戦後の日本が意気消沈して、何をしていいか分からなかった時に、忽然と現れたスターだったんだから。

裕次郎はもともと慶応高校のバスケットボールの選手だった。アスリートだけど、遊ぶのが好きで、酒を飲んだり、タバコを吸ったりしていた。足が長くてスタイル抜群で、裕福で、逗子の近くでヨットとサーフィンみたいなものもやっていた。裕次郎の兄の石原慎太郎が『太陽の季節』という湘南を舞台にした青春小説を書いて大ヒットしたけど、そのモデルは弟だった。裕次郎はその映画に出て一躍スターになり、一世を風靡した。その裕次郎がサングラスをかけるのが定番だったことも、俺には影響したところがある。

余談を挟んでしまったが、いずれにしても、カッコよく生きるためには自分のポリシーを大切にしている。それが俺の信念だ。

サッカーに関しても、まさにそうである。

サッカーというのは、美しく、華麗で、かつ芸術的でなければいけないんだ。自分のテクニックとアイディアで自由奔放にプレーしながら相手を翻弄して、勝ちにこだわらずに自然と勝ってしまうようなサッカー……。

それこそが、俺の理想なんだ。

そういうサッカーとは具体的にどういうものか考えた時、自分はラテンスタイルに目が行った。

ゾーンの3バックで、ドリブルとショートパスを使い分けながら、ゆっくり攻めるサッカー。当時、まだ日本では誰もやっていなかったスタイルを生涯かけて突き詰めようと、自分は50年も前に決意したんだ。

ただ、それをどうやっていいか、最初は全く分からなかった。

手あたり次第、情報を集めようと思って、まずは清水の港へ行った。ブラジルの船員や黒人の子供を見つけて、近くの学校で一緒にサッカーをした。彼らがやっているプレーを見ては盗み、真似したんだ。そうやって覚えた技を学園の生徒にも教えた。

自分がコーチングライセンスを持っていたんで、日本サッカー協会から白黒の映像フィルムも借りることができた。学校で上映会をやって、当時のヨーロッパのスターであった、ジョージ・ベストやスタンリー・マシューズの卓越したプレーを子供たちと一緒に見た。

映画館へ通い詰めて、外国のニュース映像も探した。昔は映画の本編の前にヨーロッパや南米のサッカー、ワールドカップのニュース映像が流れることがあったから、そっちを目当てに見に行くことが多かったんだ。ペレの一挙手一投足には胸をときめかせたし、ワールドカップの迫力に度肝を抜かれた。

そうやってコツコツとヒントを集めて、5つしかなかったリフティングメニューを少しずつ増やしたり、ドリブルの種類を（今では100以上に）増やしていったりと、理想のサッカーに近づけようと一つひとつ努力していった。

ゼロから1を生み出し、2を生み出す作業がどれだけ大変か。

それを、俺は自分の信念を信じ、実際にやってきたんだ。

才能ある選手は路地裏から突然、生まれる

そんな自分に、ブラジルに行くチャンスがようやく訪れた。

選手権で準優勝した半年後の昭和52年の8月だった。

清水FCの南米遠征でモルンビー（エスタジオ・ド・モルンビー＝サンパウロの高級住宅街にあるサンパウロFCのホームスタジアム）へ行くことになって、俺はセルジオ越後に同行したんだ。

その遠征で最初に行ったのは、サンパウロのど真ん中にある日本人街のリベルタージ。今でこそ大都会だけど、40年近く前のこのあたりは戦前の日本のような感じだった。古い建物が立ち並んでいて、「こんなところに日本人がいるのか」と正直、驚かされた。

当時はブラジル移民の全盛期で、本当にたくさんの日本人がいた。日本の食材も米から味噌、醤油まで何でも揃っていて、生活には困らなかった。今は韓国人や中国人の方が圧倒的に多くなっているようだけど。

そこにベースを置いて、サッカーを見れるだけ見ようと、サンパウロ州のプロクラブの

施設を全部回った。モルンビーの収容規模は当時18万くらい。リオデジャネイロのマラカナン（エスタジオ・ド・マラカナン＝CRフラメンゴのホームスタジアム）も約24万人だと言われていた。今は改修されてモルンビーもマラカナンも8万人くらいに縮小されているけど、当時はこれまで目の当たりにしたことがないほど、とてつもない巨大な規模だった。たとえばマラカナンのスタジアムは、スタンドとピッチの間にお堀（緩衝帯）があって、コーナーの外には全面芝のグラウンドが設置されるなど、信じがたい構造になっていた。

それだけの大きな器が観客でギッシリ埋まるのは、衝撃であって、今もその記憶は残っている。その頃の日本は、高校選手権にお客さんがある程度入っていたけど、日本リーグ（JSL）はせいぜいスタンドに100〜200人程度が集まるだけだった。そういう環境に慣れていた自分が3〜4階建ての巨大なスタジアムが大勢の人で埋め尽くされて、試合中に観客が足を踏み鳴らすと建物が揺れたりするんだから、カルチャーショックを受けるのは当たり前だ。

ブラジルの太鼓を叩きながらサンバを演奏して、みんながノリノリになって応援するのも驚きだ。物は盗まれるし、上から雨が降ってきたと思ったら、セルジオ越後から「バカ、これは小便だから頭を引っ込ませろ」と言われたりと、そんなアクシデントは日常茶飯事だった。

そのブラジルで、18歳のカレッカ（元ブラジル代表）のデビュー戦を見た。スター候補生をスタジアムで見る一方で、路地裏の少年たちとも触れ合った。

正直、子供たちはそんなにうまくなかった。この時代にクラブに入ってサッカーをするのは、富裕層かプロの可能性がある一握りの子供だけ。大半の少年が道路や公園を裸足で駆け回っていた。そういう子たちは日本より格段にレベルが高いのかと思っていたけど、そうではなかった。

「なんだ、ストリートや草サッカーのような遊びのサッカーであった。日本……いや清水FCの子供の方がうまくて強いじゃないか」

正直、最初はそういう感想を持った。

だけど、2度目にブラジルを訪れた時、その考えは一瞬にして消え去った。

向こうの子たちは、大人の知恵を教え込まれてはいないんだと。彼らは組織的な動きやパスワーク、スペースに走りこんでゴールを狙うといった戦術面を教えられていないのだ。単に未熟だっただけ。自分たちで考えながらテクニックを身につけているから、潜在能力はずっと日本人よりずっと上だったんだ。

だから、15歳くらいになると、姿勢とか戦い方が違ってくる。

その年代になると、日本人はブラジル人に歯が立たなくなるんだ。

日本の場合、野菜の促成栽培と同じで、水を撒いて、肥料をやって、太陽の光をふんだんに照らして、真っ直ぐなキュウリや形のいいナスを作るかのようにサッカー選手を育てようとしている。

ブラジルの場合はそういうことをせずに、森林に生えたマンゴーやパイナップル、バナナ、パパイヤのように、子供たちの成長を自然に任せている。結果として、真っ直ぐできれいな形のものばかりではなくて、いろいろな面白い形の果物や野菜が取れるし、栄養も豊富だ。

小さい時は促成栽培で形よく育った子供の方がいいような気がするけど、15歳を過ぎて大人に近づけば近づくほど、ブラジルの育て方がより優《まさ》っていると分かってくる。

実際、ストリートサッカーをしていた子供が突如として大化けすることはあるんだ。ペレやロマーリオ、ロナウド、アドリアーノ、ネイマールにしても、クラブで指導者から手取り足取り教わるような子供時代を過ごしていない。

俺自身、日本にいてもブラジルに近いやり方で子供たちをじっくり成長させていこうと強く思った。そして、今でも小学生には裸足でボールを扱う、草サッカーのスタイルを指導に取り入れている。

ブラジルサッカーを日本式に活用

日本の育成年代でウォーミングアップの一貫として取り入れられているものに、ブラジル体操がある。

これは、俺が最初に日本に持ち込んだものだ。

浦和南との選手権決勝直前に俺たちがキックやスキップを交えたブラジル流のアップを始めたら、国立競技場に集まっていた人たちが「なんだあれは?」という視線を向けてきたのを今も忘れない。

あれはもともと先住民族の踊りなんだ。

それをサンバのリズムに合うようなステップに変えて、サッカー選手が試合前にアップとして取り入れるようになったんだ。

何事も常識的な日本人は「1・2・3・4」という掛け声が普通だと思ってるだろうけど、俺はそういうのはつまらなく感じた。盆踊りのようなことはやりたくなかった。それで模索していた時に、ブラジルで踊りのようなものを見つけて、自分なりにアレンジを加えてウォーミングアップに取り入れた。

みんなビックリしたと思う。

ブラジルのサンバはサッカーをやるうえでは非常に柔軟性のあるリズムだと感じる。選手がドリブルやフェイントをやるにしても、スタンドで応援するにしても、どこか快感を覚える。ブラジル人の中にこのリズムが脈々と息づいているのは間違いないだろう。

俺自身はサンバを流しながらサッカーをした経験はないけど、ダンスは踊れる。ブラジルにはサンバクラブというのがあって、夜中の12時から朝5時くらいまでの深夜の時間帯に営業している。向こう側のダンスフロアでダンサーが踊っているのを見ながら、こちら側のフロアでは自分たちが酒を飲んで酔っぱらってオンナとダンスを踊る。値段的にはかなり高い場所だけど、そういうところに何度も通ってサンバを覚えた。ブラジルに行く時は、大いに夜遊びしなきゃだめだ。これを〝ナイトサイエンス〟というんだ。

ブラジルには何度も足を運び、現場のサッカーに触れて、自分の指導に生かしていった。

そういう盛り場でサンバのよさを知って、日本に戻ってきてから、練習中にサンバの音楽をかけながらドリブルやリフティングをさせることは結構あった。選手たちにリズム感覚を身につけさせるのだ。選手たちも目新しいものを聞いたらやる気になるし、音楽があった方が気分的に高揚感を持ちながら取り組める。長い期間ではなかったかもしれないけど、見知らぬ国の文化に触れることは確かに1つの刺激にはなったんじゃないか。ブラジル体操やサンバ以外だけじゃない。ブラジルへ行くたびに、俺は新しいものを取り入れた。

エラシコやシャペウのフェイントもそう。今は携帯カメラもあるし、ビデオカメラもあるから、それをうまくできる選手の技を撮影してきて見せれば簡単かもしれない。だけど、俺が若い頃はそんなものはなかった。全て自分で覚えて、体に叩き込んでから日本に帰ってきて、選手たちの前で実演したんだ。子供たちにとって、実際に体で動かして見せるのが、理解も一番早い。そういうことに貪欲になっていた。

そういう中で、ブラジルから学んで長い間、こだわり続けたのが、ブラジル流のゾーンディフェンスだった。

70年代から80年代にかけて、ブラジルでは4－2－4や4－3－3が主流だった。ゾーンでやりながら、サイドバックは状況を見ながらオーバーラップする。極端な場面では両サイドともに上がって2バックになることもあるんだ。

その戦い方は自分にとってもいいヒントになった。平成7年に選手権で初優勝した時は、3－6－1みたいなスタイルで戦ったんだけど、森川拓巳と田川洋平の2人のストッパーが上がって、石川恭介というセンターバックがワンバックになった時間帯もある。そういう攻めのサッカーを大胆不敵にやり抜いて、頂点に立ったんだ。

それも、ウチの場合はブラジルの4バックより難易度の高い3バックを採用した。4バックは大人になってからいくらでも理解して実践できるけど、より難しい3バックのゾーンは頭の柔らかいユース年代のうちまでにやらないと、習得できないと考えていたから。

多くの指導者は「難しいことをやらせて子供を混乱させたくない」「大舞台ではシンプルな戦いをした方が勝利に近づく」と考えるかもしれないけど、俺は違う。あえてハードルの高いことに挑戦してこそ、選手は大きく成長できるんだ。「ウサギとカメ」の話のように、学園の選手が15歳の時点ではエリートに全く歯が立たなかったのに、18歳になった時には追い越すくらいの実力を身につけているのも、そういうコンセプトが大きいんだ。

3バックのゾーンをやりこなすには、3人のDFのボールキープ力が高いこと、足が速いことが必須条件。テクニックを駆使した展開に持ち込んで、蹴り合いにしないように試合を運ぶことが重要だ。蹴ってしまって相手にボールを奪われたら、3バックの裏を取られたり、サイドを崩されたりと圧倒的に不利な状況に陥る。とにかくこっちが攻撃し続け、主導権を握り続けることが肝要だ。攻撃は、最大の防御であるのだ。

もう一つ大事なのが、GKの存在だ。サッカーの試合には必ず危ない場面がある。そこで相手の決定機を確実に封じてくれる守護神がいたら、非常に心強い。学園が全国大会で上まで勝ち上がった時を考えてみると、最初の選手権準優勝の時には森下(申一)、平成7年度の選手権優勝時には南、平成15年に高円宮杯全日本ユース選手権(U-18)で市立船橋に負けて準優勝した時も1年に杉山(力裕=清水エスパルス)がいた。いいGKがいる時の学園は強いんだ。

それでも俺は「点を取られても取り返せばいい」というポリシーの持ち主。1点取られたら2点取って勝てばいいし、2点取られたら3点取って勝てばいい。そのためのリスクはいくらでも冒す。そういう勇気は誰よりもある。

その「攻撃は最大の防御なり」を実践した、印象深いゲームがある。

坂本（紘司）、倉貫（一毅）たちが3年だった、平成8年の選手権の1回戦・東山（京都）戦だ。

この時の俺たちは大会2連覇がかかっていて、優勝候補の一角に挙げられていた。北嶋（秀朗）のいた市船、中村俊輔のいた桐光学園、都築（龍太＝現浦和市議会議員）がいた国見など、ライバルチームがたくさんあったけど、確かに学園も可能性はあった。

だけど、初戦からいきなり2失点してしまった。相手の東山にはいいFWが2枚いることが分かっていたから、その可能性はあった。それを想定して、俺らはビハインドを背負った状況でどう攻めるかを実は、ずっと練習していたんだ。

そこで採った策が2バックだった。山崎哲也（大分トリニータU－18監督）と斉藤興龍のセンターバック2枚を残して総攻撃をかけた。そして1年生の点取り屋だった渡辺誠（名古屋グランパスU－15コーチ）も投入し、攻めに攻めた。結果として、学園は最後の最後に坂本がヘッドで決勝点を入れて、4－3の逆転勝利を飾った。あの勝利で一気に勢いに乗って、ベスト4に入り、2年連続国立行きを果たせた。準決勝は桐光とPK戦まで行って、負けてしまったけど、なかなかいい戦いができたんじゃないかと思う。

育成年代の指導者は勇気を持ってチャレンジしなければ、成功はない。

俺はそう信じている。

サッカーの原点はドリブルにあり

「日本で誰もやったことのないサッカーで勝とう！」

そう思って学園でテクニックを磨き上げてきた俺の存在が日本全国に広く知れ渡ったのが、これまでにも何回か話している昭和51年度の高校選手権決勝・浦和南戦だった。それまで大阪の会場で行われていた選手権であったが、その時は東京開催となった初の大会であった。現在は2020年東京五輪のために改修されている国立競技場の観客席が満員になる中、ベンチに座った時の晴れやかな気持ちと緊張感は今もよく覚えている。

松本暁司監督率いる浦和南は6回目の全国大会出場で、2年連続3度目の優勝を目指していた。彼らのフォーメーションは4－3－3のスイーパーシステム。それが当時の日本サッカー界の主流だった。

対する学園はダブル・エム・システム（3－4－3）。中盤では4対3の数的優位になるから、相手はマークしきれずに困る。そこでボールを保持して、自分たちのテクニックとショートパスを使いながらゴールを狙おうと俺は考えたんだ。

相手はその思惑を封じようと、キックオフの笛とともにハイプレスからカウンターを狙ってきた。開始1分に加瀬治に先制点を奪われ、5分にも水沼貴史（現解説者）から筋野弘美にタテパスがつながって2点目を取られた。さらに17分にはCKから加瀬のジャンピングヘッドで3点目が入って、開始20分も経たないうちに3点差をつけられてしまったんだ。

ウチはGKの森下、ディフェンシブハーフの杉山誠・実兄弟、右ウイングの宮原真司に、スーパーサブの成島徹と登録メンバーに5人も1年生が入っていて、過去に感じたことのない緊張感で混乱した部分はあったと思う。だけど、3点を失ってから逆に落ち着きを取り戻したのか、自分たちのスタイルに立ち返ることができた。前半のうちに宮本昭義がヘッドで1点を返して1－3で前半が終わった。

俺は「まだまだイケる」と自信を持っていた。

だけど、後半開始早々に4点目を食らってしまった。再び3点差になったのは痛かったが、それでも俺たちは諦めなかった。スコアが4－2、5－2、5－3と目まぐるしく変化する中、時間が経つにつれて、学園らしい地に足がついた戦い方ができるようになっていったんだ。

「ゆっくり攻めろ」

「もっともっと落ち着いて、ゆっくりやれ」

俺はどういう状況になっても動じることなく、自分のポリシーを貫こうと思ったから、選手たちにこう言い続けた。

ゆっくりとボールをキープできる状況では、ボールを保持しながら攻める。ドリブルで攻め込み、足技で相手を抜き、相手のスキを見つけるやゴールを狙う。そういう戦い方を最後までやり続けたんだ。

そして後半37分、宮本が蹴ったＦＫに杉山茂が鋭く反応してシュート。このこぼれ球を拾った宮原が振り向きざまに2度目のシュートを打ち、学園はとうとう4点目を手に入れる。残り3分で1点差に詰め寄られたことで、松本監督は明らかに動揺し、冷静さを欠いていた。

結局、その1点のビハインドを跳ね返すことができず、試合は4－5のままタイムアップの笛。歓喜の雄叫びを挙げる浦和南の選手たちの傍らで、学園の選手たちは敗者としてピッチに倒れこんだ。

俺自身も悔しさはもちろんあった。が、一方でこれだけの名勝負を初の大舞台で演じきれたことも清々しさも感じていた。選手権でこんな試合をした高校サッカーのチームは過去に1つもなかったからだ。

「ドリブルと遅攻」という俺たちのスタイルは正直言って、多くの関係者から異端の目で見られた。すでに話したように、「スピードがない」「守備をおろそかにしている」「タテへ急ぐスタイルを冒涜している」などと、さまざまな批判が俺の耳にも届いた。賛否両論はあったが、日本中が注目する大一番で絶大なインパクトを残したのは事実だと思う。

当時の日本では、浦和南の松本監督や帝京の古沼（貞雄）監督がやっていたように、ボールをもらうとすぐに前やサイドに蹴り出す傾向が非常に強かった。

「できるだけ早く、相手ゴールへ行け！」

これが大方の監督の考え方だった。

しかしながら、サンパウロFCやフラメンゴなどのブラジル強豪クラブは、必ずと言っていいほどドリブルで前進していたんだ。

前方にオープンペースがあれば、ドリブルしている選手はフリーでボールをキープできる。ドリブルをすることによって、敵に肉体的、精神的、心理的に強いプレッシャーもかけられる。その効果は絶大だ。

さらに言うと、ドリブラーは自分で相手を抜く、あるいはサポートに近づいてきた味方とワン・ツーを使って相手をかわす、という2つの選択肢を持てる。自分がドリブルしていて、相手DFが自分に寄せてプレッシャーをかけてきたのなら、味方がフリーになるのだからワン・ツーを使えばいい。逆にワン・ツーを使うと見せかけるフェイントを入れることで、より効果的に敵を抜き去ることもできる。

ドリブルとは、極めて有効な攻めの手段なのである。

とはいえ、実際の試合ではこういう説明の通りにはいかないことも多い。ドリブルをしながら、走っている味方にパスを出し、リターンを受けて相手をかわし、前進していくというのはうまくいかない時もある。スピードが速くなる分、テクニックも高度になる。テクニックが未熟であれば、失敗する確率も高くなる。

だからこそ、ドリブル、パス、トラップ、ランニング、間合いの取り方、味方とのコンビネーションといった要素を徹底した練習で積み重ねていかなければいけない。

特にドリブルとボールコントロールは全てのベース。南米の一流チームも、まずボールをもらったら落ちついてドリブルで前進している。それが「華麗でグッドなフットボール」につながると俺は確信したんだ。

ドリブルができなければサッカーは成り立たない。そう言い切ってもいいくらいの重要な要素なんだ。

たとえば5対5のゴールありのミニゲームを考えてみよう。

1人の選手がドリブルでマークを外したら、フリーになったその瞬間がパスを出す絶好のタイミング。そこでボールを持っている選手がパスを出すと同時にオープンスペースにダッシュする。ワン・ツーの受け手側もリターンパスを出せるかどうかを瞬時に判断する。ここでポイントとなるのが、いい加減な判断をするのではなく、冷静かつ客観的な目を持つことが大切だ。

2人がそういうふうに動いた時、敵はリターンパスをカットしようと動いてくるはず。その出方を見ながら、出し手はリターンを出さずにドリブルでそのまま前進してもいい。こういうトライを繰り返していくことで、攻撃側はドリブルやパスが不正確になったり、ボールを奪われることもなくなる。

ドリブルを軸にして、ワン・ツーやトライアングルパスなど応用力を高めていけば、華麗で理想的なフットボールに近づいていく。

1対1で抜くことを手始めに、2対1、3対2と人数を増やし、より実践的な内容にレベルアップさせていけば、選手たちも楽しいサッカーを好きになるだろう。最初は誰もがうまくはいかないから、無理をさせずに横パス、バックパスを使わせてもいいが、徐々に実戦を想定した内容に変化させていくべき。それを本当の試合の場で成功させられれば、選手たちは攻撃サッカーの魅力の虜になるはずだ。

浦和南と選手権史上に残る名勝負を演じた選手たちも、みんなそうだった。

ボールをキープし、ドリブルで突破することを覚えることは、サッカーの醍醐味を知るための必須条件。そう俺は確信している。

15歳までにボールを100万回触れ！

「15歳までにボールを100万回触れ！」というのが、俺のポリシーだということは、これまでにも何度か話した。

だから、学園では2時間の全体練習の最低でも半分はボールコントロール練習に割いてきた。

現在、指導しているバンレオール岡部の中学生は、練習時間の90パーセント以上、ボールに触っている。

たとえば向かい合ったワンタッチのパス練習はやらない。3対3のボールポゼッションをやるとしても、普通はワンタッチとかツータッチでやれと言うだろうけど、俺は違う。ワンタッチパスはいらない。ドリブルしてDFを抜いてからパスを出せと口を酸っぱくして言うんだ。

そうすると、自然とボールタッチが増えて、テクニックも身につく。ワンタッチパスというのは、ボールに触れる時間が1秒にもならないだろう。オレの発想だと、小さい時からそればかりをやっていたら、絶対にうまくならないと思う。

それなのに、今の日本は小学生からパスサッカーばかりを追い求める傾向がある。みんな「パス、パス、パス」。ボールをつなぐ練習しかやっていない。一体、ドリブルの練習をいつやるのか。

日本人は一人当たりのボールを触る回数がとにかく少なすぎるんだ。

確かに、それはそれで強くなる。だけど、ワールドカップでゴール前に入って、相手の裏をかくドリブルをしたり、イマジネーション溢れるというか見ている人の度肝を抜いたりするようなプレーは絶対に生まれてこない。ワールドカップブラジル大会の日本代表がまさにそう。日本人の足りない部分をハッキリと露呈したんだ。

小さい時はとにかくテクニックだ。ドリブルをやれ。

それは、俺の信念でもある。

ボールコントロールのことを、俺はよく「箸（はし）」に例える。箸を使うことは子供の時にお母さんやお父さんから教わって、最初はうまく使えないけど、だんだん自由に使えるようになる。

学園の練習の多くはボールコントロールに時間が割かれる。それは今も昔も変わらない。

サッカーも同じ理屈で考えていい。ボールを足で扱うスポーツだから、うまくなるために足で触る回数というのはすごく大事。

「他の人がボールを1万回触るなら、学園は10万回触れ」
「相手が10万回触ったら、学園は50万回、100万回触れ」

俺はそれを口癖のように言っている。

相手よりうまくなって、テクニックで凌駕しようと思うなら、それ以上にボールを触らなきゃならないんだ。

岡部のジュニア、ジュニアユースでここ数年、取り入れている、ある日の練習の流れは、こんな感じだ。

■ジュニア＝1時間半

①1人1個ずつボールを持って、まず右足でのドリブルとボールキープ。じゃんけんで負け

た人が鬼になって、他の子を追いかける。1分間やって鬼で終わった人は、罰ゲームとして前転1回
②左足でのドリブルとボールキープ。1分やって鬼で終わった人は、罰ゲームで後転1回
③両足でのボールキープ。1分やって鬼で終わったら、もも上げジャンプ
④少しグリッド広がってリフティング。1年生はワンバウンドで20回。2年生はノーバウンドで30回。2度トライして2回目は1回目を超えるように努力する
⑤右足だけで細かいドリブル。1年生は10秒、2年生は15秒で10セットを行う
⑥左足だけで細かいドリブル
⑦両足で細かいドリブル

■ジュニアユース＝2時間
①タッチライン～タッチラインの間（60m）を左右両足での細かいドリブルで往復
②同じ距離を両足、肩、胸でリフティングしながら往復
③2人1組で柔軟体操。集合

（移動して、センターサークル程度の広さを使って）
④全員でごちゃ混ぜになって両足交互のボールキープとドリブル
⑤片足のボールキープとドリブル
⑥両足を使ってボールキープとドリブル
⑦④～⑥を連続で行う
⑧右足裏
⑨足裏クロス
⑩左右交互のインサイド。横に移動しながら行う
⑪ボールに足裏をつけて前後に動かす
⑫ボールに足裏をつけてターンする・浮かす
（時間を徐々に延ばしていき）
⑬右足裏、左足裏、両足裏を10秒ずつ
⑭これを30秒、1分と伸ばし、スピードも上げて負荷を高める

⑮肩や頭でのボールコントロール。これも時間を延ばしていく。
⑯右足裏でボールをまたぎながら前へ進む
（タッチライン際に移動して、20ｍのエリアを往復する）
⑰左足裏でボールをまたぎながら前へ進む
⑱両足交互のインサイドと足裏クロスを織り交ぜながらのドリブル。ターンも入れる
⑲左右のインサイド
⑳左右のイン、アウト
㉑ボールを引いてまたぐ。次に後ろ向きになってボールを引きながらまたぐ

テクニックの習得は本当に一筋縄ではいかない。長い時間がかかるものだ。前にも言ったけど、手で箸を持って自由自在に物をつかんで食べられるように、足で無意識にボールを扱えるようになるには、ひたすら反復するしかないんだ。

こういうメニューをやらせると、学園の高校生が3年間やって身につけられることを、

中学生なら1年か1年半でこなせるようになる。

小学五年生や六年生なら、もっと短期間で習得できる。

実際、子供は好奇心旺盛だし、試行錯誤することも厭わない。体も柔軟性があり、何でもすぐに覚えられる。8〜12歳は集中力と体力の問題があるけど、そこで体得したリズムやボール感覚、ハーモニーは一生使えるものなんだ。

中学・高校生くらいの年代だったら、ある程度、強制的に毎日、練習させるくらいのアプローチが指導者には必要だと思う。

もちろん、3歳からサッカーを始めてもモノにならないやつはいるし、早くからやったからといって全員がプロになれるわけではないけど、やはりスタートが早い方が有利。ただ、子供のうちに高度なボールテクニックを体得したとしても、トレーニングを継続しなければやはりスキルは落ちる。ボール扱いに関しては、プロになっても練習しなければダメなんだ。

ペレは、テニスボールをいつもポケットの中に持っていて、暇があれば自分でリフティングやドリブルをして、腕を磨くことを欠かさなかったという。サッカーの王様でもそうなんだから、一般の選手はどれだけ努力が必要か分かるだろう。

名選手の例を踏まえて、繰り返しになるが、何度でも言う。

「ボールを100万回触れ！」と。

型にはめない練習方法を実践せよ

今の日本では「ボールをつないでいればいいサッカーだ」という認識が強すぎる。けれども、パスは「逃げの精神」につながりかねない危険性がある。

2014年ブラジルワールドカップのギリシャ戦は、まさに典型的な試合だった。無責任にパスをつないでいるだけでは、相手は崩れない。ダブルボランチと4バックのいる位置がつねに一緒で、シュートをする様子も見受けられない。相手が自陣に引いてブロックを固めてきたら、選手たちは何のアイディアも出ないということになってしまう。

アジアの格下相手でも、状況は変わらない。前線の3枚とトップ下の合計4人で10人を相手にしなければいけないから、なかなか点が入らない。そういう時こそ、ドリブルやワン・ツーを駆使しながら、サイドバックやボランチ、あるいはセンターバックがペナルティエリア内に入り込んでいくようなプレーが必要だが、実際にそういうことのできる選手が少なすぎる。

ボールポゼッションは何のためにするのかと言えば、点を取るため。日本のサッカー界は今、その大原則を忘れている。ただ回しているだけでは意味がない。試合に勝つためのポゼッションを子供のうちからやらせるべき。ドリブルを入れながら、ショートパスをトライアングルで回すとか、工夫を凝らしていく必要がある。

そして、ゴールをつけることも大事だ。

1対1でも、2対2でも、3対3でも、ボールポゼッションをやろうと考えるなら、つねにゴールがあって、それを意識して練習しないと意味がない。

4対2や5対2の、いわゆる「鳥かご」の練習でも、ゴールをつけることで目標は、変わるはずである。

俺ら育成年代の指導者は、その前段階としてドリブルやリフティング、さまざまなボールタッチの練習を1時間くらいみっちりやって、シュート練習やゲームに移るけど、敵がいない練習をいくらこなしても「練習のための練習」でしかない。

全体練習の後に、個人個人が自主トレでセンタリングとか、敵がいない状態でのシュートに取り組むのは歓迎だけど、とにかく実践的にゴールを奪うことをイメージさせながらやらなければダメなんだ。

ポゼッションのためのポゼッションになっている現状を打破するためにも、選手たちの意識を変える必要がある。

「主人公は自分だ」という考えを持たせることが大事なんだ。

ドリブルをするか、ショートパスをするか、ロングパスをするか、ワン・ツーをするかといった判断は、主役である選手一人ひとりが下すもの。そういう主体的な判断を怠って、今はみんなパスをすればいいと思っている。

「頭の中は空っぽだ」と言われても仕方ないのが現実だ。

だけど、ドリブルの練習を数多く積んだ選手は自信があるから、目の前に人がいなければスッと出ていくことができる。相手も「こいつは来るな」と思って対応するようになる。敵に恐怖心を与えられるようになって、ようやく一人前なんだ。

俺は自分でアクションを起こせる選手を作りたいという信念を持って、学園で独自性のある練習を長年、やってきた。

勝利至上主義の下、型にはめたトレーニングをするのではなく、将来性豊かで柔軟性のある体と頭を持った選手を育てられるようなメニューを考えてきたんだ。

学園で取り組んできたものには、こんな練習法がある。

【ドリブル】

①まずコーンを1~2メートル間隔で10個並べる。

②行きは真っ直ぐの全速力のドリブル、帰りは同じく全速力のドリブル。これを何回も繰り返す。人数は1人でも複数でもいいが、少ないほど負荷が高くなる。

③バリエーションをつける。スラロームで、右足だけ、左足だけ、両足を使う、インステップだけ、アウトステップだけ、足の裏だけ、ボールを浮かせる、ボールを地面にたたきつけるなど、工夫を凝らす。

④スピードを変化させる。スラロームで、クイック・スロー・クイック・スローといったリズムを臨機応変に変えながら取り組む。ツータッチのフェイントを入れたり、体の向きや進

む方向を変えながら行う。
これはあくまで相手を抜く基本的な練習法。頭・胸・肩・大腿部・足の甲などいろんな場所を使い、さまざまな方法で敵をかわすノウハウを習得する。

【ボールコントロール】

①足の甲、インサイド、アウトサイド、大腿部、肩、胸、頭などでボールリフティングを行う。5分間ボールを落とさなければ合格。

②足の甲、インサイド、アウトサイド、大腿部、肩、胸、頭、背中、股の間、それぞれのところで連続的にストップする。地面に落とさずにストップ・リフト・ストップ・リフトと30回以上できれば合格。

③ボールリフティングしながら「ワン・ツー・スリー」とリズムを取る。その「スリー」の時にいろんな条件をつける。例えば、左右を素早く見る、ジャンプしてコントロール、座る、前回り、腕立て、後ろ回り、相手をつけて邪魔させるなど。後者の方がより難易度が高い。

④ボールリフティングしながらだんだんとしゃがみ、座ったらボールを頭に乗せる。そして再び徐々に立ち上がっていく。

⑤左右交互後にボールをつき、足の甲、インサイド、つま先、大腿部、かかと、肩と場所を移していく。

⑥足の甲と頭、大腿部と頭、アウトサイドと頭、インサイドと頭、つま先と頭、かかとと頭、肩と頭といったように、交互にボールをついていく。

⑦ボールを地面に叩きつける。足の甲、つま先、インサイド、アウトサイド、かかと、すね、足の裏、頭と連続的に「ワン・ツー・スリー」のリズムで、ボールを殺さずに生かして操る。

サッカーはスピードが要求されるもの。ボールを自由自在に操ることができれば、無駄な時間を使わずに前に進める。正確なパスを出せれば、プレースピードも速くできる。ボールコントロール力の有無はスピードアップできるか否かのカギになってくる。

【1対1からのスモールゲーム】

★10平方メートルの正方形＝1グリッドを使用
①2人でボールキープ
②2人で抜き比べ
③4隅をゴールに見立てたゲーム
★2グリッドを使用
①1対1のゲーム
②ボールサーバーを置いたゲーム。サーバーはボールキープしている側の味方。ワンタッチゲームで、ボールを奪ったら必ずサーバーに戻す。
③2対2でボールキープ
④2対2でゲーム。フリータッチ
⑤2対2＋ボールサーバー

この練習をこなすためには、周りを見る、ボールに寄る、パス&ゴーという戦術の3原則を全ての選手が理解しなければいけない。これを実行することが重要だ。

ますドリブルとパスから始まって、マンツーマンとゾーンディフェンスの練習にもなる。攻撃側から見れば、ワン・ツーやトライアングル、ダブルパスでも抜けるし、フェイントを入れながらの素早いダッシュでも抜ける。守備側も第一にボール保持者をマークし、もう1人はその背後を守る。左右に開くのではなく、前後の関係に位置する。こうすることでチャレンジ&カバーの基本を習得できる。

こうしたメニューは、あくまで基本中の基本。重要なのは選手たちのテクニックと判断力を養うことだ。この練習を押しつけ、型にはめるような指導をしても意味がない。子供たちのレベルや年齢、成長度を加味しながら、負荷や難易度を変えていくことも大切なポイントだ。

臨機応変に練習内容を変えていける指導者が本当にいい指導者。

それを忘れてはいけない。

全国制覇へのアプローチ

昭和51年度の選手権準優勝の後、14年間、静岡県で勝てなかった話はすでにした。

俺はシルバというサンパウロFCのコーチを呼んで、彼にトップチームの指導を任せ、近くで見ていた。

それまでの自分は選手たちに「とにかく抜け」と言ってきた。1対1なら絶対に抜くこと。何なら1対3でも仕掛けていいという発想だった。

でも、シルバは違った。

「2対1ならフリーの味方を一度、使え」と。

彼が学園にもたらしたのは、俺とは一味違った新たな発想だったんだ。

「周りを使いながら、自分を輝かせる」「味方をうまく使うことが、チームを強くすることになる」という発想は確かに斬新だった。

この考え方の下、ハーフコートでの2タッチゲームやミニゲームを繰り返して、戦術的な部分に磨きをかけてくれた。それで平成4年（1991年）度にやっと静岡県で勝つことができ、選手権にも出られたんだ。全国では習志野にベスト8で負けたけど、この大会でウチのテクニカルなサッカーに興味を持った中学生が35人も入ってきたんだ。

それが平成5年春の1年生。桜井や森山、森川、塩川、深澤、石井といった平成7年度の選手権初優勝につながる主力たちだった。桜井は焼津、森山は静岡、森川は浜松、塩川は伊豆、深澤は富士、石井は藤枝とみんな出身地はバラバラ。とにかくヤンチャな人間が多くて、校長室に通算50回以上、謝りに行った記憶がある。

Jリーガーになった選手が多いから、この選手たちが3年の時は破竹の勢いだったと思うだろうけど、そうではない。新人戦も高校総体も静岡で負けて、残すところ選手権だけという状況に追い込まれたんだ。

その大事な選手権予選前の9月に、群馬へ出かけて前橋商業と練習試合をしたら、3－4で突き放された。拮抗したいい試合をしたけど、2年生だった大野（敏隆＝元柏レイソル）というファンタジスタにかき回されたんだ。

それで頭に血が上った俺は、酔っぱらって宿舎に戻って、寝てる選手たちにぬるいお湯をぶっかけるという、とんでもないことをやった。

今の時代なら「体罰だ」「パワハラだ」と問題になるような行動だけど、逆に選手たちはそれでスイッチが入ったのか、翌日の帝京との練習試合は5－0で圧勝した。

「あ、これは選手権で勝てる」

俺は直感的に思ったんだ。

禅で言うところの「悟り」を開いたということかもしれない。

言葉で説明するのは難しいが、名人や名将にはフローという、「ツボに入る場面」「ゾーンに入る場面」というのがある。

宮本武蔵は猛烈な剣の訓練を積み重ねて、決闘で69連勝している間に勝負を左右する境地に達し、巌流島では佐々木小次郎との戦いにも勝った。

王貞治は１００数十キロで飛んでくる野球のボールの縫い目が見えるから、次々とホームランを量産できた。

そうやって覚醒する瞬間というのが、俺にも確かにあったんだ。

平成8年正月の選手権にのぞむに当たって、俺は登録25人を選び、彼らをどう使うべきかというシミュレーションを頭の中で徹底的にやった。そのうえで、対戦相手を見ながら「今日は守備の強い選手を入れよう」「攻撃の並びを変えよう」と判断を下していった。

試合中の天気や審判の笛の吹き方を見ながら、メンバー交代のタイミングも見極めていった。2年の倉貫を入れたり、1年生の南を思い切って使えたのも、さまざまな経験から「こうすれば勝てる」という確信を持てたから、踏み切れたんだ。

鹿児島実業との決勝戦も、特別な対策も立てていないし、選手を集めてミーティングもしなかった。試合当日にメンバーを決めて、選手たちに「自分たちの力を出し切って楽しんで来い」と言って送り出しただけだ。

ある意味、あの決勝戦が自分にとって最も楽しいプレッシャーだった。

残念ながら雨が降って、国立競技場が満員にならなかったけど、いい試合をして全国の頂点に立てたとは思っている。

あの全国制覇から、学園は10年間で5回は選手権に出ている。第一回高円宮杯全日本ユースでベスト4に行った年もあった。

「井田よ、チームというのは、いったん強くなったら簡単には負けないチームを作らなきゃいけない」

こう加茂周（元日本代表監督）さんに言われたように、安定したチーム作りに勤しんできた。

そのために、新人戦、高校総体、選手権と進んでいく間にメンバーを固定せず、少しずつ入れ替えながらチャンスを与え、次の年に中心になりそうな選手を入れながら1年後、2年後の準備もしていくようにしたんだ。

そうやって先を見たチームマネージメントができるようになったこと。

それが平成7年度の選手権優勝の大きな意味だと思っている。

いい見本がスペシャリストを生み出す

どのチームでも言えることだけど、チームにいる選手全員がうまいとは限らない。同じ練習メニューを与えても、すぐに上達する子とそうでない子がいる。選手の伸び方は人それぞれなのは当たり前だ。

それでも1つのチームを見ている以上、全員をレベルアップさせたいと考えるのが指導者というものだ。

小学生のスクールでは、全員にサッカーへの興味を持たせ、好奇心を煽るために、一番レベルの低い子に合わせた練習メニューをやらせることもあるようだ。

上手な子はそれをすぐに習得してしまうから、面白くないかもしれないが、全員を平等に扱おうと思うなら、そういう考えも確かにある。

だけど、俺は正反対のやり方がベストだと思う。

俺が学園で教えていた頃、リベリーノ（元ブラジル代表）がやっていたエラシコというフェイントを、ブラジルから持ち込んで、選手に実践させたことがあった。

「アウト・インでやれ」としつこく言って、選手たちに何度も繰り返させた。

上達が早い子には「もう1つ上をやってみよう。アウト・イン・アウトまでやっちゃえ」とけしかけ、それもクリアすると今度は「イン・アウト・インで3回やれ」「それを生かしてスリータッチで相手を抜く練習をしよう」と、どんどんレベルアップさせていく。

「こいつならできそうだ」と思えるような選手であれば、次から次へとプラスアルファの課題を与えるわけだ。

「俺はブラジルでこういう技を見てきたからできないか？」

「おお、うまいうまい。できたじゃん。他のやつもできるだろう」

と煽っていけば、チーム全体に闘争心が生まれる。

「俺もあいつみたいになりたい」

「あいつができるんなら、絶対に負けたくない」

子供たちは自然とそう思って、努力するようになる。どんな人間にも競争意識がある
し、負けじ魂があるから、それに火をつけるように仕向けるのが指導者の仕事なんだ。

全員に教える必要はない。スペシャルな1人をうまくさせればいい。

それが、俺のやり方だ。

「勝てる組織づくりとは何か」「どうしたら強い組織を築けるか」といった質問は確かに
よく受ける。若い指導者からアドバイスを求められることもある。

だけど、俺はチーム全体のバランスはそこまで考えない。

1人ひとりが強い個を持った特徴ある選手になって、それが11人集まればいいと思って
いる。

いろんな人間がいて、「勝利」「全国優勝」といった1つの目標に向かって、それぞれが
レベルを上げていけば、それが一番いい。

1人の強烈なタレントが育てば、その選手を目指してみんなが切磋琢磨し、高いレベ

ルの競争を繰り広げていくようになり、自然と強い組織ができあがっていく。

そういう考え方だから、俺は最初から「こういう組織を作ろう」なんてシナリオや方向性は持たない。

まずは1人ひとりの特徴や長所短所をしっかりと見極めて、その中で一番突出しそうな選手に注目し、その人間に目をかけていきながら、他の子供たちもそこに向かって技術的にも精神的にも努力していくようなスタイルが望ましい。その結果、全員が自然とまとまったら、最高の組織ができるんだ。

俺のところに来る選手は、そういう考えを理解しているのが大前提だ。

「この人のところに行ったら、自分はうまくなる」

「この人のところへ行けば、すごい強いチームの一員なれて、優勝できる」

そう信じられなければ、俺の厳しい練習についてこられないだろう。

そして、実際に選手をそういう高みに導いてやれるのが、いい指導者だ。

サッカー界で言えば、モウリーニョやグアルディオラがそうだろうし、マンチェスター・ユナイテッドを20数年間も率いたアレックス・ファーガソンも該当する。

バレーボールで言えば、1976年ミュンヘン五輪で全日本男子に金メダルをもたらした松平康隆さんがいる。すでに亡くなられたが、女子が世界一になり、「男子はダメだ」と酷評された時代に奮起して世界一になった。その根性とカリスマ性は本当に素晴らしかった。

野球界で言えば、巨人の9連覇を果たした川上哲治監督がいる。

川上監督が一番優れていたのは、中日ドラゴンズの参謀と言われた牧野茂さんを引き抜いたこと。敵の頭脳を引っ張って、その知恵を学んで実践したんだ。批判されるのを覚悟でそういう大胆な行動に出て、強い巨人軍の礎を築いたのはなかなかできることじゃない。

俺は50年近く育成年代を教えてきて、そんなレベルまで達したとは思ったこともないけど、とにかく個の力を磨くことだけは徹底してきた。

強いチームを作りたければ、まず個人を光らせろ。

スペシャルな選手を作れ。

「サッカーがうまくなりたい」と思う選手や子供はたくさんいる。すべては、そう願っている、その子たちのためなのだ。

頭を使わないやつは一生伸びない

「よし決めよう」

突然、藤本定義監督がポツリと言った。そして、続けた。

「だがな、あいつ、ただ、球が速いから決めたんじゃねえぞ。みろ、あいつ、マウンドでキャッチャーのサインを見て首を振るだろう」

「ところが、投げるのはいつもストレートばっかりだ。カーブやシュートはただの一球を放ってへん。というのは、相手にカーブやシュートもあるぞ、とオドシをかけているんだ。あいつは頭がいい。あのツラじゃ、たぶん学校の勉強はできんだろうが、頭はいい。いわゆる野球頭ってやつがな。なんぼ速い球を放っても、野球頭がよくなけりゃ、プロはアカン」

これは昭和56年（1981年）に刊行された『サウスポーの魂（川上健一著・講談社刊）』の冒頭の一節。かつての名投手・江夏豊を描いたユニークなスポーツ小説だ。

個性豊かな江夏は、新人の頃から「態度がデカい」「練習が嫌い」「生意気なやつ」と先輩や仲間、マスコミの非難を受けてきた。

個性があるというのは、非常に素晴らしいことだが、どうも日本では個性のある人間はあまり歓迎されず、批判非難の対象にされやすい。実力の世界のはずのプロ野球界でも、そういう傾向が強いという。

しかし彼は、人が何と言おうと、人が見ていないところで猛練習をし、ヘッドワークのよさと研究熱心さでエースの座にのし上がっていく。管理社会に対して反骨精神をぶつけていくところは痛快だし、つくづく彼の野球頭のよさを感じる。

圧巻なのは、昭和54年（1979年）の日本シリーズ・近鉄バファローズ戦の第7戦。広島東洋カープの江夏は4−3で迎えた土壇場の9回裏、ノーアウト満塁のところで頭脳的な配球から相手を21球で打ち取り、日本一の立役者となる。絶体絶命の大ピンチでの彼の冷静さと頭の冴えは見事だ。

スポーツの世界で偉大な記録を残した人、世界チャンピオンになった人々の伝記や小説を読んでいると、いくつかの共通点がある。ボクシングのモハメド・アリ、アメリカ大リーグ黒人選手第一号のジャッキー・ロビンソン、ゴルフの帝王・ジャック・ニクラウス、そしてサッカーの王様・ペレは、みんな猛烈な練習と努力をする。彼らは貧困とは別の要素のハングリー精神も持っている。

さらに重要なのが、頭（ブレイン）の賢さも併せ持っていることだ。よく頭を使い、工夫し、研究熱心である。それが本当の意味での頭のよさだと俺は思う。

自分が静岡高校の3年だった時、「サッカーで大切な3つのB」として、ブレイン（BRAIN）、ボールコントロール（BALL CONTROL）、ボディバランス（BODY BALANCE）があることを知った。

そして、昭和54年に日本で開催されたワールドユース（U－20世界選手権）で優勝したアルゼンチンのメノッティ監督もこういうことも話していた。

「サッカーはテクニックの上達のみで発展、進歩していくものです。だから私はいつも、より技術のすぐれたプレーヤーのいるチームが勝つだろうと確信している。

次にそれを生かすのが、インテリジェンスです。サッカーにおいて、インテリジェンスの劣る選手を使っていたら、勝つことができません」と。

インテリジェンスという言葉には、知恵、知能、理解力、もの分かりのよさというような意味がある。学校の数学や英語のテストで優れた成績を取る能力とは違う種類の賢さということがよく分かった。

サッカーのインテリジェンスとは、プレーのセンスと切り離せないものだ。いくらシュートが秀でていても、ドリブルが非常にうまくても、長いサイドチェンジのパスを的確に出せたとしても、それだけでは足りない。選手には個性が絶対に必要だが、その個性をゲームの中、チームの中で生かすこと。独特のセンスが加わらなければ、インテリジェンスがあるとは言えない。

11人の個性が1つのチームとして、1つの集団として、フレキシビリティで有機的に動かなければいけない。

それを可能にするのが、インテリジェンスだと俺は考える。

一口にインテリジェンスという言葉を口にするのは簡単だが、実際にそういうチームを作り上げた経験はほとんどない。テクニックとインテリジェンスのある選手を作り、選手たちのその重要性を理解させることは非常にハードルが高い。何よりも時間のかかる仕事だ。

日本サッカー界は小学生からプロ、日本代表まで、つねにゴールへの最短距離を行こうとするサッカーばかりが目につく。だが、近道は必ずしも最短距離だけではないことは歴史が証明している。時には回り道をしてもいいから、独創的な視点を持つことも大切だ。

日本サッカーの大きな欠点の1つは、遊びがないこと。車のハンドルやブレーキにも遊びは備わっているが、それがなければ大変なことにつながる。

サッカーも右へ行ったり、左へ行ったり、こっちへ向かったり、また戻ったりという遊びがあれば、相手の集中力を途切れさせることができるし、一瞬のスキからゴールをうかがえる可能性も広がる。

とにかく、いつもフルスピードばかりでは成功しがたいのが、サッカーだ。ある時はゆっくり、ある時は止まる、またある時は歩いて、背を向ける。そういうリズムの変化をつけられるようなインテリジェンスある選手、チームを育てるためにも、まずはボールコントロールを完璧に身につけるところが第一歩。

そこだけは絶対に譲れない条件だと、俺は強く思う。

メッシやネイマールはなぜすごいのか

近年、世界のサッカーのトップを走っている3人の選手がいる。

クリスティアーノ・ロナウド、メッシ、ネイマール。

スペインのレアル・マドリードとバルセロナにいるアタッカーたちだ。

超一流の選手たちというのは、自分独特のリズムを持っていると感じる。ドリブルの仕方もそれぞれ個性があるし、テンポが違う。

まずロナウドは爆発的なスピードを持っていて、それを見せながらもストップしたり、ゆっくりしたりと、うまく緩急をつけている。

メッシはもう少し複雑かつ細かいテクニックがあって、その中で彼らしいトリックを使ってくる。またぎのフェイントを入れながら、足首を使って角度を変えたりする。ちょっとしたことだけど、角度を変えながら相手を騙すプレーに長けている。

特に左斜めに入っていくドリブルが、俺は一番好きだ。

ネイマールにはこの2人と違った面白さがある。フットサルやビーチサッカーの選手みたいに足の裏をたくさん使いながら、切り替えしとまたぎフェイントを入れたり、少しボールを浮かしたりと多彩なプレーを見せてくれる。見ているこっちが楽しくなるような足技を数多く駆使できる選手だ。

3人に共通して素晴らしいと思えるのは、サッカーをつねに楽しんでいること。ゲームそのものを必死で戦いながらも、楽しみながらプレーできる。苦しい中でも喜びを絶えず感じながらボールを蹴れる選手というのは、なかなかいない。それが天才たるゆえんだ。

さらに付け加えると、味方を上手に使えるし、自分だけを光り輝かせようというエゴが一切ない。試合の中で平気で遊びつつ、ある時は黒子になってチームメートの特徴や個性を際立たせる。

そういう幅広い顔を見せられるのが、真のスーパースターということになる。

そのあたりは、「必死決死」が前面に現れている日本のサッカー選手とは全く違うと痛感させられる。

Jリーグを見ていると、2015年J1第1ステージチャンピオンの浦和レッズでも、常勝軍団と言われる鹿島アントラーズでも「必死感」がこれでもかというくらい伝わってくる。ある意味、悲壮感と言ってもいいかもしれない。

スピーディーな展開の中でも少しプレーを止めて、相手をおちょくって、かかとを使いながらボールを蹴ると言った要素は、サッカーの中ではすごく大事だけど、日本人は滅多にやろうとしない。ひたすら真面目にボールを追いかけ、ゴールに向かって、勝ちばかりを真っ直ぐに追い求めている。

だけど、本当に大切なのは、サッカーをやる人、見る人が「どうしてこんなプレーができるのか」と驚いたり、ため息をついたり、衝撃を受けたりすること。

意外性や創造性こそ、サッカーの本質だ。それこそ、サッカーは芸術と創造と同じである。

直線的な動きの中にも、うまい具合に止めるプレーを盛り込めるロナウド。

こんなトリックは一体、どうやって編み出しているのかと、見る者を惹きつけるメッシ。

相手のすねあたりにボールを浮かせて、タックルを回避しながら巧みなドリブルを見せるネイマール。

そういう選手が結集しているスペインの2大クラブは、やはり特別な環境だ。まさに銀河系と言っても過言ではない。

彼らがなぜ銀河系で居続けられるのか。

それは、自分の命を懸けても、トップ選手にふさわしいパフォーマンスを見せようという誇りと自信をつねに持っているから。

10億円の年俸をもらっているなら、その価値に見合ったプレーをしないといけないという強い意思があるからだ。

やはり一番大事なのは、心なんだ。

日本のサッカー選手とは、その差が最も大きいと心底、思う。

Jリーグの選手を見ると、髪の毛が茶色だったり、長かったり、ボサボサにしていたり、バンドで固めたりと個性豊かだけど、本当の個性はヘアスタイルで表現するものではない。

もちろん、遊び心を持ちながらも、基本的にはサッカーに全てを捧げて、1億円の年俸なら1億円なりのプレーをする。それを実践して、結果を出して、ようやく2億、3億稼げるようになる。

そういう高いレベルを見据えて、現実のものとして捉えているのは、海外で活躍している香川とか一握りの選手だけ。Ｊリーグの選手には、プロになったことだけで満足している選手も少なくない。俺はＪリーグを見ていてそう感じることが多々ある。みなさんは、そう感じないだろうか。

特にブラジルのような南米の選手の頭の中にあるのは、２つの言葉だ。

「コブランサ」と「ブスカール」だ。

その意識が強いブラジル人選手が、毎年２００人近く欧州へ出て行っているのも筋が通る。サッカー選手は外貨を獲得できる重要な存在。まさに国を支えている人たちだ。だからこそ、それなりの覚悟を持って、日々のプレーにのぞんでいる。

ネイマールはその象徴的な存在だ。

日本人は彼らのピッチ上の一挙手一投足はもちろんのこと、サッカーに対するスタンスや真剣度もよく見て、しっかりと学んだ方がいいのではないか。

平成8年度卒

倉貫一毅

1978年、滋賀県生まれ。小学生時代から地元・滋賀のセゾンFCでプレーし、全日本少年サッカー大会では優秀選手にも選ばれる。高校からセゾンのチームメイトである坂本紘司と一緒に静岡学園高校へ越境入学。幼い頃から身につけたテクニックを武器に、選手権優勝（第74回）、ベスト4（第75回）に大きく貢献。高校卒業後はジュビロ磐田に加入。以降、36歳までプロで現役を続け、通算504試合の出場記録を誇る。現在は、徳島ヴォルティス・ホームタウン推進部普及コーチとして、育成の指導にあたる。

自分の良さを消さずに見守ってくれた井田コーチの温かさに感謝

僕は親父（岩谷篤人氏）がやっていた滋賀県の「セゾンFC」で、小・中学校時代はサッカーをしていました。

セゾンは乾（貴士＝エイバル）などに象徴されるように、テクニックや個の打開力の育成を重視している。僕もそういう指導を受けてきたので、セゾン独特の色が非常に強い選手だったと思います。

そういう中学生がどの高校へ行くかというのは、結構難しい問題。当時は野洲高校との提携もなく、県外に出るしかなかったんです。そこで、親父とも相談して、最初は桐蔭学園高校と徳島市立高校がいいかなと考えていたんですが、ある時、坂本紘司ともう1人の3人で学園の練習会に参加することになりました。その雰囲気をすごく気に入って、「行きたい」と言い出したら、親父も「そっちの方がいいんちゃうか」と理解を示してくれました。

その理由を、親父に後から聞いてみると、こんな答えが返ってきました。

「井田さんの人を見る目が温かかった。言葉遣いは荒いけど、子供を見る目に愛情を感じた。だから決めたんや」と。

ただ、当時の僕は、井田コーチのことを「いちいちうるさいコーチやな」と思っていたのが正直なところです。

「お前はなんで、シュートを打たないんだ」

それが、コーチの僕に対する口癖でした。

「谷田（グラウンド＝練習拠点）で、壁打ちの練習をしろ」ともしょっちゅう言われたけど、僕は点を取るよりも相手を騙したりするプレーの方が好きだった。反発心を覚えて、あまり熱心には取り組みませんでしたね。

だけど、後々になって「お前はシュートを打ったら、もっとよくなるのに……」という意味だったんだと分かってきたんです。僕の良さを尊重したうえで、もっといい選手にしてやろうと思っていたんだと。

実際、シュートの改善以外のところは個別に言われることは、ほとんどなかったですからね。

だから、親父の言っていた「人を見る目が温かい」という言葉の意味も、子供が生まれ、親になった今になれば、よく理解できます。自分の良さを消さずに、尊重しつつ見守って指導する……。それが井田コーチの偉大なところだし、人間的な魅力なんじゃないかと感じます。

そうやって接してくれたコーチには、本当に感謝しています。

ただ、僕らが3年の時は練習がきつかったですね。1つ上の学年に桜井さんや森山さん、森川さんなど、能力の高い選手が揃っていて、選手権で全国優勝したにもかかわらず、僕らの時は新人戦でいきなり負け。高校総体も早々と負けたんで、物凄く走らされました。

自分たちの代はノブ（内藤修弘＝元清水エスパルス）や飯塚浩記（元モンテディオ山形）みたいに小柄な選手が多かったから、走力を高めようと思ってやらせたのかもしれませんが、とにかくきつかった。でも、それがあったから清商や清水東といったライバルチームにも走り負けなくなったな、と実感していました。

走りの成果もあったのか、選手権の静岡県予選は優勝できた。準決勝で小野伸二のいる清商に3－2で勝ち切って、決勝は清水東を1－0で撃破することに成功した。僕自身は清商戦の終了間際にボールをクリアした時、相手からアフタータックルを受けた影響で、翌日の決勝戦には出られなかったんですけど、清水東戦はみんなが頑張ってくれました。

特にエースの山崎光太郎（元清水エスパルス）をマンマークした興龍（斎藤＝現静岡学園ヘッドコーチ）は、大きな仕事をしたと思います。

興龍はもともとそんなにうまくなくて、僕はよく1対1をやったり、練習を一緒にしていました。あいつは物凄い頑張り屋で、何事にも食らいつくタイプだった。僕は、試合ではそういうタイプの選手も必要だと感じていました。井田コーチも興龍のガムシャラな姿勢を最終的には評価して、大一番で使ったんだと思います。

そういう仲間たちに助けられて、学園としては初めての2年連続選手権出場を果たすことができた。全国大会では中村俊輔のいた桐光学園に準決勝でPK負けし、惜しくも連覇は果たせなかったですけど、自分にとってはいい経験になりました。

紘司みたいにJリーガーになった選手も何人か出て、あの頃が学園の絶頂期と言っても過言ではなかったのかもしれません。

井田コーチにも「俺らには感謝してくださいね」と言いたいですね。もちろん、そんなことを言ったら、怒られるでしょうけど。

僕はその後、ジュビロ磐田へ行き、ヴァンフォーレ甲府、京都サンガ、ガイナーレ鳥取を渡り歩いて18年間プレーし、2014年シーズン限りで引退しました。キャプテンとしてJ1昇格の原動力になれた甲府時代は、監督の大木武さん（現FC今治アドバイザー）がショートパスと個人技主体のスタイルを貫いていて、自分の個性を生かせる場所を与えてくれた。そのスタイルはセゾンや学園と通じるところがあって、自分にとってもすごくやりやすかった。親父も、井田コーチもそうですけど「いい指導者に巡り合えた自分は幸運やな」と心底、感じましたね。

だからこそ、自分が指導者になった今は、「魅力ある指導者にならなあかん」という気持ちが強いんです。

「あのコーチに出会えたから、俺はこうなれたんや」

教え子にそう思ってもらえるような指導者になれればいいかなと考えています。

僕は2015年から徳島で新人コーチとしての一歩を踏み出したところです。徳島県内の7つあるスクールを回って子供たちを指導していますが、意識しているのは「あまり教えすぎない」ということ。子供たちはそれぞれの所属チームに戻っていろいろな戦術でプレーをすると思うので、そこで彼らが活躍できるためのテクニックやアイディアなどを教えています。

自分も36歳まで現役をやりましたけど、結局、年を取ってもプレーを続けるためには、技術がないと難しい。フィジカルに頼っていると、年齢を重ねていくにつれて厳しくなると僕は思っています。

やっぱりサッカーは「テクニック」と「センス」と「頭の中」。

そこに尽きると思います。

日本代表で10番をつけている香川真司があの体格で海外でやれるのも、そのベースをしっかりと磨いてきたからでしょう。50mを走らせたら、彼よりも速い選手はたくさんいると思いますが、駆け引きと緩急の変化、動きながらのテクニックで勝負しているから、活躍できると思います。

幸運なことに、自分は親父や井田コーチからそういうベースを叩き込まれてきた。指導者のすごくいい見本がいるのは自分にとっては大きなプラス。それを超えようと思ったら、世界一を目指さなければいけないから大変なんですけど、そこを目指してやっていくしかない。素晴らしい指導者との出会い、恵まれた環境でサッカーを楽しんでこれた、これから指導者をやっていく自分にとってはとんでもないアドバンテージですよね。

あれこれ言いすぎることもよくないし、教えなければいけないことは教えないといけない。

そういうことは的確に判断できる、いい指導者を目指して努力していきます。

Column 教え子たちからのメッセージ

平成8年度卒

坂本 紘司

1978年、滋賀県生まれ。セゾンFCから静岡学園高校に進学し、高校3年次にはFWとしてチームの得点源となり、選手権全国ベスト4に大きく貢献。高校卒業後、ジュビロ磐田に加入。2000年からは湘南ベルマーレに移籍し、13年間のチームの中心選手として活躍。2012年に引退するまで、クラブ史上最多であるJ1・J2通算456試合という出場試合数の記録を果たした。現在は、湘南ベルマーレの営業本部長を務める。

井田コーチに「向上心」や「競争心」を煽られたことがプロ生活に生きた

僕は中学3年の時、倉貫（一毅）と同じセゾンFCに入って、高校進学に当たってはサッカー名門校に行こうと考えました。全国をしらみつぶしに調べて、桐蔭学園のサッカーが自分には合っていると思い受けに行ってみると、当時の桐蔭の監督に「静学のサッカーが向いているんじゃないか」と勧められました。

それで学園に練習参加してみたら、まさにひとめ惚れ。紅白戦に入ってレベルの高さを感じ、「ここでやりたい」と一瞬にして思ったんです。

その時は、紅白戦が30分くらいで終わると、みんな次々と谷田グラウンドからいなくなるんで「ずいぶん練習がラクそうだな」と思いました。でも、実は学校に戻って自主練をやってたんですよね。

そういう勘違いもありましたけど、倉貫と一緒に滋賀から越境入学することになりました。

学校の近くのアパートに住んで、朝6時から朝練に行く生活は大変だったけど、朝練が自分には物凄くタメになった。リフティングとかフェイントとかの練習を徹底したことで、個人技が一から叩き込まれたんです。単純に止める・蹴る・運ぶの技術を磨いたことは、その後のプロ生活に確実につながったと思います。

井田コーチは選手をやる気にさせるのがうまくて、いつの間にか「あいつに負けるか」という気持ちにさせられている。「1分でも早く朝練に行って練習しよう」という情熱が自然と湧いてくる。テクニック練習1つあげても、「これをやれ」とか押しつけるんじゃなくて、選手を見ながらアプローチしてくるんですよね。

部員が100人もいるのに、誰が早く来てるとか、誰が一生懸命取り組んでるとか全てお見通しだった。僕も何回かずる休みをしたことがあって、「100人ぐらいいるからバレないだろう」と思っていたら、午後練の時に「ちょっと来い」と言われてゲンコツを食らいました。それもレギュラーになった3年の時じゃなくて、試合に出てない1年の時ですよ。あの千里眼は本当にすごい。「絶対にさぼれない」という気持ちが、日に日に強まっていきました。

実際、さぼった子はその週の練習試合で先発から外されるんです。ある意味、分かりやすいですけど、100人の部員を平等に扱うのは簡単にできることじゃない。そういう人だから、僕らもやる気にさせられたのかなと思います。

学園でつねに向上心や競争心を煽られていたことが、プロになってから確実に生かされました。僕の場合はジュビロ磐田と湘南ベルマーレで10数人もの監督とやりましたけど、試合に出て活躍しようと思うなら、そういう気持ちが大事なんだと常日頃から感じていました。そこは井田コーチから学んだ一番大きいところですね。

学園では1年の選手権からメンバーに入っていました。1年生の中では、僕とノブだけ。自分よりはるかにテクニックのある倉貫も入れなかった。それで「プロ行きのコースに乗れたかな」と有頂天になり、調子に乗っていたところがあったんでしょうね。2年の時は特に浮ついた状態になってしまい、コーチはそれを見逃さなかった。案の定、2年の選手権はガッツリとメンバーから外されました。

その選手権で学園は全国優勝を果たした。国立競技場のスタンドで歓喜の瞬間を目の当たりにしながら、僕はこう思いました。

「俺、何してるんだろう。こんなところまで来て、全国優勝をスタンドで見てるなんて……」

その屈辱感で目が覚めました。だけど、自分たちが3年の時は新人戦も高校総体も早い段階で負けてしまった。高校総体では、県大会前の地区予選で負けるなんて、まさに前代未聞。4月くらいで早々と予選が終わったんです。それでコーチにスイッチが入ったんでしょう。みっちり走らされました。

谷田の目の前の道路は急な坂道で、周囲を雑木林が取り巻いているんですが、そこをクロスカントリーのように走るのは本当によくやりました。1～2年の時はほとんど走ったことがなかったし、滋賀にいた小・中学校の頃はあまり走る練習をやったことがなかったんで、本当に地獄。とにかくきつかったですね。

あの走りの練習は、単に僕たちのメンタルを鍛えるためだったのか、それとも本当に強くなるために走力を身につけさせようと思ったのか……。そこはいつかコーチに聞いてみたいと思っています。

結果的にその走りが選手権で生かされました。小野伸二や平川忠亮（浦和レッズ）のいる清商、山崎光太郎や高原直泰のいる清水東に勝って静岡県予選を突破した時は本当に最高の気分でした。

僕らの代は中学の頃はそんなに有名じゃなかったやつばかりだったんで、小野や高原たちエリートを見て「いつかあいつらを倒してやろうぜ」というのがみんなの中にあった。それを達成できたのも、学園の厳しい朝練とボールテクニックの練習、そして走りの成果だったと思います。

僕はFWだったけど、シュート練習は自主練でやってましたね。全体練習はゲーム中心。ポイントポイントで選手を集めて、コーチが指示を出す形でした。

「俺の言うことをどう受け止めるかは、お前たち次第だ」というところが井田さんにはあって、自主練までは面倒を見ないよというスタンスだった。

「落ちるやつは落ちていく。それは仕方のないこと」だと。

井田コーチは何度もブラジルへ行って、そういう厳しい世界を目の当たりにしてきたから、選手とそういう向き合い方をしたのかもしれません。

僕も16年間プロをやってきて、自分からアクションを起こさないと淘汰されるというのは痛感しています。井田コーチは高校生のうちからその厳しさを僕らに伝えたかったのかなと感じるし、自分にとってはプラスになった部分が多かったですね。

今の指導者の人たちは少し優しすぎる部分もあるかもしれません。僕の小学校の時のチームなんかは、コーチは1週間に1回来ればいい方だった。自分たちでメニューを考えて、コーンを敵に見立ててシュート練習をやったりとか、そんな古典的なサッカー環境でした。ただ、誰かに言われるのではなく、自分たちで考えて取り組んでいたのは確かです。

井田コーチもそういう姿勢を重視していました。そこに加えて、考える力、改善する力を身につけさせようとした。それはサッカーをするうえで、一番重要なことですからね。高校時代の僕は、いい環境でサッカーをやらせてもらったなと強く思うし、ありがたく感じています。

自分たちが卒業して15年以上の月日が経過し、コーチは学園の現場からは離れていますが、（川口）修さんや同期の興龍が考え方や哲学を踏襲しています。僕らの頃の学園は「ディフェンスラインでクリアしちゃいけない」とか、「自陣でもつなげ」みたいなこだわりが強すぎて、自分自身もプロになってから2年くらいその価値観から抜け出すのに時間がかかりましたけど、今はバランスを考えて指導していると聞きます。

学園は個人技やアイディアを重視する全国屈指の高校なので、もう少し柔軟な発想で、その場その場の判断力を磨けば、カズさんみたいに日本代表の中心選手として活躍する選手が出てくるんじゃないかと思います。いずれにしても、コーチの築いた財産をしっかりと発展させてほしい。そういう期待を持って母校を見ていきたいと思います。

第三章 人間力

心のコップを上に向けさせろ

人間には2つのタイプがいる。

心のコップが上を向いている人と、下を向いている人だ。

心のコップが上を向いていれば、周りの人のタメになる話や教えてくれた内容、自分の起きた出来事の全てが、水を注ぐかのように、どんどんコップに入っていく。生き方も前向きになり、素直な考え方ができ、真剣に物事に取り組めるんだ。

反対に心のコップが下を向いていると、周りの人からのいいアドバイスも全く耳に入らない。自分に起きたいいこともプラスに捉えられず、水がこぼれるように何もかもが吸収できない。そうなるとつねに不満ばかりを持つようになり、後ろ向きの考え方しかできず、やる気も起きない。

結果的に、両者の考え方に大きな差が出る。

自分が思い描いたような結果が出なかった時、前者の方は「自分はもっとこうすればよかった」「自分の努力不足だった」と考え、「自責の念」を持つ。

けれども後者は「どうせ自分にはムリ」「自分の能力不足だった」と嘆き、「他責の念」を持つ。

心のコップは感じ方や考え方、そして生き方全般に影響してくるんだ。

「練習を頑張って、俺は足りないものを埋める。3カ月後にはレギュラーを取り、誰よりもテクニカルなストライカーになる。そのために、誰よりも毎日の自主トレでシュートを突き詰め、私生活もコントロールする。今まで自分はすぐに妥協していたが、3カ月後の目標に向かって、これまでの失敗を繰り返さない」

「練習の大切さはよく分かるし、今までチャレンジしてきたけど、俺はどうしても続かない。今回も一応、やってみるけど、たぶんダメだと思う」

この2つの考え方の違いが分かるだろうか。

前者は「未来」を基準の自分の進むべき方向を考えている。

自分の理想像を思い描き、そのために何をしなければいけないかを明確にして、そこに向かって進もうとしている。

逆に後者は「過去」を基準に自分の方向性を考えてしまっている。

過去がダメだったから、未来もムリ。自分にはできないという後ろ向きの見方しかしていない。

こうやって比較していけばいくほど、心のコップを上に向けるか、下に向けるかがどれほどの差を生み出すかがよく分かるだろう。

心のコップが下を向いている指導者や教師、親が、それを上に向けることはできない。まずは人を導く立場の人間が変わらなければならないんだ。

たとえ小さくても、輝く未来の希望に気づかせ、今の自分自身を振り返らせ、心のコップを上に向けてあげる作業は非常に重要だ。

一度、考え方が変わった人間は、指導者や親に言われなくても、自分で希望の兆しに気づき、主体的で前向きな生き方ができるようになる。

前向きな未来のために、自分のやるべきことにイキイキと取り組む人生。

諦めずに成功に向かって突き進む人生。

その素晴らしさが理解できるように、心に灯をともす作業を、指導者や親は続けていかなければいけないと思う。

たゆまない努力と向上心がリスペクトと人間力を生む

俺が注目しているトップアスリートの1人に、日本男子テニス界で史上最高位の世界ランキング4位まで到達した錦織圭がいる。

錦織は島根県の生まれで、両親がテニスを趣味としていたことから、5歳からプレーを始めたという。幼い時から地元のテニススクールに通い、小学校6年生の時に全国小学生テニス大会で優勝。そして、中学2年生だった2003年にアメリカにテニス留学するチャンスを得た。14歳での渡米というのは、プロになれる保証がないうえ、義務教育の途中ということでリスクが大きかったけど、両親は覚悟を持って送り出したという。その決断が本人にとってプラスに働き、錦織は17歳でプロになり、大きな飛躍を遂げ、現在の活躍に至っているんだ。

つまり彼が今、練習や試合に打ち込むことができ、成功に一歩一歩近づきつつあるのは、本人の努力ももちろんだけど、両親の献身的なサポートがあってこそ。指導に関わった松岡修造やマイケル・チャンといったコーチたち、ジョコビッチやナダルといったハイレベルで切磋琢磨しあった仲間やライバルの存在も大きい。

錦織はそういうことをよく理解しているから、試合後のインタビューでも、つねに感謝の言葉を口にする。

自分を助けてくれ、バックアップしてくれた人たちへのリスペクトの念を持ち、どんな時も感謝を忘れずにいることは、人間力を養ううえで非常に重要な要素だと俺は思う。

「リスペクト」という言葉を使う指導者は多いけど、そういうものは言葉で簡単に表現できるものではない。体から自然とにじみ出てくるものなんだ。

心の底から周囲に敬意を払っている選手というのは、気持ちが行動にストレートに表れるし、周りからも読み取れる。

普段の練習で紅白戦をやっていても、相手を尊敬しつつ、必死になってしのぎを削る。味方同士でも、自分勝手にやることなく、チーム全体が連動して勝つことを最優先に考える。そういうことを繰り返すことによって、相手への敬意も、味方同士の連帯感や協調性も高まってくる。

リスペクトの精神や人間力というのは、一朝一夕には養われない。高い向上心を持ち、たゆまない努力を重ねていかなければ、身につかないんだ。

俺が教えた数多くの選手を見ても、そこまでの立ち振る舞いができる人間は、やはり少ないのが実情だ。

メッシやロナウドといったサッカー界の超一流選手に目を向けると、チームメートや関係者は「彼らは私生活からきちんとしている」「人間的にも素晴らしい」とみんな口を揃える。

サッカー選手になろうと思うなら、そのくらいのトップレベルを目指さなければいけないというのが、俺の持論だ。

指導者も「人間力を身につけろ」と子供たちに向かって口を酸っぱくして言うことも多いだろうけど、そういうものは人に言われて急に得られるものじゃない。周りが教えようとしても、教えられるものではないんだ。

つねに理想を見据え、地道な歩みを続けること。努力を重ねていくこと。それを忘れたら、人間力のある選手には絶対になれない。

今の日本では、ある程度のところまで行ったら「俺は成功した」「このくらいでＯＫ」だと満足してしまいがちだ。選手も指導者もその傾向が強いから、成長がストップして頭打ちになってしまう。錦織の領域まで達したいと思ったら、そういう甘い気持ちを捨てるべきだ。

生きている以上、努力を怠っていい時なんか1つもない。

俺の年齢になっても、高いものを追い求めていく必要があると思う。

そうしないと、若い指導者に影響力を及ぼせないし、自分の話に説得力を持たせることもできなくなる。

自分はそう思って、本を読んだり、体を鍛えたり、だるまの絵をかいたりと、人の見えないところで自己研鑽を続けている。

本物になりたければ、薄っぺらな人間じゃダメ。

そこはしっかりと強調しておきたい。

世界と戦える選手になるための条件

俺がブラジル流のテクニックを追求し始めた頃、日本人が欧州や南米のサッカー界に打って出ていき、トップクラブで活躍するというのは夢のまた夢だった。

そんな時代から、奥寺康彦（横浜FC会長）や風間（八宏＝川崎フロンターレ）、カズ（三浦知良）と少しずつ海外でプレーする選手が増えて、今では日本代表の半分以上が欧州トップリーグでプレーするようになった。

俺自身がその先駆者の1人と位置づけているのが、水島武蔵（藤枝MYFC前監督）だ。藤枝生まれの水島は、もともと際立ったテクニックを持つ選手で、親父がよりいい環境でプレーさせたいと考えて清水に転校し、オール清水（のちの清水FC）にも入っていた。その頃のあいつを見たことがあるけど、確かにうまくて目立っていた。

親父がブラジル好きだったこともあって、その父親は息子が10歳の時にブラジル留学させるという大胆な行動に出た。家族と一緒にブラジルへ行くなんて子供は当時いなかったから、本当に驚かされた。

そこから水島はサンパウロFC、ポルトゲーザ、サントスといったクラブを渡り歩き、ブラジルで活躍した日本人第一号になった。そこまでなるには相当な苦労があったと思うけど、成功例のない時代に自分の道を貫いたことは尊敬に値する。

日本の若い選手が海外へ出て行って成功できるか否かは、いくつかのポイントがあると思う。

1つ目は、平気で外国になじめるか。現地に溶け込めるか、異国で食べて寝られるか、堂々と行動できるかという点だ。

こうした行動力と適応力の部分は、自覚はもちろんのこと、持って生まれた性格も重要だろう。特に異国で生き抜いていくためには「素直さ」「強さ」「おおらかさ」の3つが必須だと俺は思う。カズを見ても、確かにそういう要素は持ち合わせていたのではないか。

「郷に入れば郷に従え」

そんな言葉もある通り、いかにして自分から日本と違った文化や習慣に合わせていくか。そこが非常に大事だと思う。

2つ目は、自分をしっかり表現できるかという点。

そのためには言葉ができるのが一番だが、最初は誰もが外国語をうまく操れない。それでも自己表現を求められるのがサッカーだ。言葉が喋れないなら、いかにして自分の意思を周りに伝えるか、そして相互理解を深めるか。そこはメンタル的な要素も多分にあるだろう。

3つ目は、発想の転換だ。

日本人は「何でも人が与えてくれる」「手を差し伸べてくれる」と思いがちだが、ブラジルでは毎日が生きるか死ぬかのサバイバルだ。「ブスカール」「コブランサ」という言葉に象徴される通り、タフに戦えない人間は淘汰されていく。そこで生き抜くためにも、日々努力を重ねていかないといけない。

「何事も受け身でいい」という日本人的発想から脱却し、「自分からアクションを起こす」という外国人発想になれるかどうか。それはサッカーのみならず人間的に成長する意味でも極めて重要なんだ。

すでに世界で実績を残している香川真司、本田圭佑、岡崎慎司といった選手たちは、そういう条件をクリアしたから、現在の地位を勝ち取れている。もちろん彼らがメッシやロナウドの域に達したわけではないが、少しずつ世界で戦える日本人選手が増えているのは確かだ。

俺がユース年代の頃から知っている静岡出身の長谷部誠もその1人に該当する。長谷部は藤枝東でリーダー格の選手で、当時から周りを統率していたし、チームのために献身的に働くことのできる選手だった。テクニック的にはそれほどうまい方ではないし、点を取れる選手でもないけど、チームを生かし生かされる賢さは持っていたと思う。長谷部は、自分を律することができるのも長所。サッカーのために全てを賭けて打ち込めるだけの真面目さ、必死さもある。

2008年からドイツへ行って7年もブンデスリーガでプレーし続けているのは大したものだ。ヴォルフスブルク、ニュルンベルク、フランクフルトと渡り歩いて、ポジションも本職のボランチだけじゃなくて、右サイドハーフや右サイドバックもこなしてきた。プロの世界で生き抜こうと思うなら、監督の考えを理解し、その要求に全て応えなければいけない。それが本物のフットボーラーだ。

ヤス（三浦泰年）もそういう選手だった。もともとはボランチの選手だったけど、読売クラブの頃に左サイドバックとして使われ、その働きが認められて、ハンス・オフトが率いた日本代表にも呼ばれた。ドーハの悲劇が起きた92年10月の94年アメリカワールドカップアジア最終予選もそのポジションで戦力になっていた。やはり、求められた仕事を全力でこなそうとする姿勢は、世界で生きていくうえで必要不可欠なんだと俺が考える。

内田篤人も同じ静岡出身者で、海外トップクラブで活躍している選手だ。

内田は函南中学校の頃はセンターフォワードをやっていて、学園のセレクションにも来たことがある。確かに足が速くて、バネがあって、真面目で一生懸命で、本当にいい素材だと感じた。俺のところに来ていたら、センターフォワードのまま成長していたと思う。だけど、お父さんが学校の先生で、公立の進学校の清水東に行かせたいということだったんで、俺も納得した。その清水東で梅田（和男＝現静岡東高校監督）がサイドバックにコンバートしたことで、あそこまで行くきっかけを得た。鹿島アントラーズでも新人の頃からレギュラーをつかみ、19歳で日本代表になるというのは、なかなかできないこと。シャルケで試合に出続けられたのも、自分を高める努力を惜しまなかったからだろう。

ただ、内田もブラジルワールドカップで一度、バーンアウトしたように見受けられる。若い頃から注目され続け、日本代表で過度のプレッシャーを背負い続けた結果、物凄いストレスがかかって、どこかで逃げたいという思いが生まれてきた可能性はある。高校サッカーでも、国見や市船出身者にはそういうケースがよくあった。

学園は一生懸命やってはいるけど、根本的にサッカーを楽しもう、自分から意欲的にプレーしようという原点は忘れていない。心にストレスがかからないから、誰も逃げ出したり、バーンアウトしたりする選手はいない。そういう気持ちを内田には思い出してほしい。右ひざのケガで長期離脱を強いられているが、復帰した後は楽しいサッカーを突き詰めてもらいたいと思う。

日本人は短期的成功を追い求めすぎるが、長い目で評価することが大事だ。最終的に外国人のよさと、日本人のよさを理解し、真の国際人として日本のために活躍してくれるような人材になってくれれば成功だ。長谷部や内田はすでにそれだけのことをしているのだから、焦る必要は全くない。メディアを含めてもっと温かく見守ることが肝要ではないか。

これからの時代は世界へ出ていく選手はもっと増えるだろう。

だからこそ、俺が挙げた3条件をクリアして、長谷部や内田の背中を追いかけ、彼らを抜いていくくらいの人材が次々と出てきてほしいものだ。

いい男はピッチ内だけじゃない「ナイトサイエンス」が人としての器を広げる

「男はカッコよくなければいけない」

それが、俺のポリシーだということは、すでに話した。
では、どうすればカッコいい男になれるのか……。
その命題にぶつかる人は多いだろう。
俺の答えは簡単だ。
まずはたくさん酒を飲んで、たくさんのオンナとつき合うこと。
いい映画を見たり、芝居を見たり、音楽を聴いたり、博物館や美術館に行くこと。
彫刻家や将棋の先生と話をすること。
さまざまなジャンルの本を読んで、勉強すること。
こうした活動を総合して、俺は「ナイトサンエンス」と呼んでいるけど、サッカー以外のことに興味関心を持ち、新たな知識を身に着けるのは大事なんだ。

俺は若い頃から酒をたくさん飲み、ナイトクラブやスナックへ行き、石原裕次郎の曲を歌い、多くの人たちとコミュニケーションを取ってきた。酒に限らず、競輪や競馬、麻雀、タバコとか、一通り手を出して、だいたいのことは経験してきた。オンナに騙されたことがあるのもいい経験だ。

こういった失敗談も含めて、人生経験は多ければいいほどいい。ナイトサイエンスがないと、いい監督になれないと俺は考える。人間の幅広さ、他人を受け入れる懐の深さといったものは、ただサッカーばかり突き詰めて、ピッチ上で指導だけをしていても、手に入れられない。多方面の教養を得ることで、自分自身に自然と風格が出てくるんだ。

実を言うと、将棋の廣津久雄九段とも、酒の席で出会った。まさに、セレンディピティの状況だ。

廣津九段はもともと福岡県の出身だが、昭和20年代から静岡新聞の将棋欄を担当するようになり、その関係で静岡に住むようになった。愛弟子の青野照市九段は焼津、神谷広志七段は浜松出身で、弟子はみんな静岡出身というくらい、地元意識の強い人だった。

その廣津九段が静岡のあるウナギ屋に飲みに来ていて、たまたま同席することになったのが、交流のきっかけだった。廣津さんから聞いた「羽生の強さの秘訣」というのは本当に参考になったし、自分もつねに実戦の場をイメージしながら毎日のトレーニングをするようになった。その出会いがなかったら、全国に足掛け14年間出られないという大きな壁を超えられなかっただろうし、コンスタントにプロ選手を育てられるようにもならなかったと思う。

日本の遺伝子研究の第一人者として知られている筑波大学名誉教授の村上和雄さんの『ナイトサイエンス教室（1）生命の意味』（徳間書店刊）という著書を読んだけど、村上さんもコメのDNA解析を目指して奮闘していた頃にドイツのビアホールで酒を飲んでいて、偶然出会った日本人がそのテーマに詳しい関係者だったということがあったんだ。その人と親しくなり、共同研究することになって、最終的にコメのDNA解析に成功した。酒の席の偶然というのは、実際にあるんだよ。

村上さんは、遺伝子をスイッチ・オンにする研究もしていて、非常に興味深い理論をいくつも発表している。サッカー選手もうまくDNAのスイッチを入れられたら、大きく飛躍する可能性がある。自分はそういう本を読んで、少しでもサッカーに応用しようと考えているんだ。

そういうことを教え子たちに知らせたくて、学園の中学・高校の指導スタッフ約10名を1年に3回くらい集めて、「慰労会」という名目で酒を飲む機会を作っている。特に監督の（川口）修は酒を飲まない男だから、強制的につき合わせて、重要性を説いているんだ。

「いいか、修。グラウンドでサッカーの話をしたり、サッカーの本を読んだり、ビデオを見たりするより、酒を飲みながら話すことはすごく意味があるんだ。

例えば、0－1で負けている時、どうするんだ？」

この問いかけに、あいつは「2バックにして攻めに出て、勝ちに行けばいいじゃないですか」と返してきた。

「それを実際にやったのが、平成8年の選手権の1回戦の東山戦だった。序盤から0－2のビハインドを背負った時に、選手交代とともに2バックを敷いて、最終的に4－3で逆転したんだ」

俺がそういう説明をすると、修のみならず、他のコーチたちも興味津々に聞き耳を立てる。そういう情報をインプットして、実際の指導の肥やしにできるかどうかは本人た

井田コーチのＤＮＡを受け継ぐ川口修監督（右）と斎藤興龍コーチ（中央）。

ち次第ということになる。

俺自身も、酒の席でサッカーについての直接的なヒントを得た経験がある。

飲んでいた相手は加茂周さんだった。

加茂さんが日産自動車を率いて、タイトルを取っていた時代の話だ。

かつての名将から、俺はこんなことを言われた。

「なあ、井田っちよ。お前のところのサッカーは確かに素晴らしい。だけど、全部ボールを回す距離が同じだ。戦いながら、1本でも横パスやタテパスを出すことも大事だよ」

この言葉を聞いて、俺は目からうろこが落ちたような気分になった。

加茂さんは話を続けた。

「セットプレーは2人で早くやれ」

「コーナーキックはいつもゴール前に蹴りこんでばかりいないで、たまにはショートコーナーも使え」

こういうアドバイスは、素面の時に聞いてもすんなり耳に入ってこないことが多い。酒の中だからこそ、ストレートに言われても、聞くことができる。こっちもいろんなことを喋らせてもらえる。

酒っていうのは、人生を豊かにする有効な手段になり得るんだ。

今の時代はコンピューターや携帯ばかりいじって、人とコミュニケーションを取らない若者が多いというから、より意識的にそういう行動に出ないといけない。

いい指導者になりたければ、酒を飲め！

酒が飲めなかったとしても、酒席に参加しろ。

俺はそう言っておきたい。

理不尽と思えるものに価値がある

今の時代は「何でも平等が第一。差別はあってはいけないこと」という固定観念が非常に強い。学校でも社会でもそういう意識を強引に植え付けようとしているところがある。

だけど、もともと人間社会というのは、生まれながらにして不平等だ。

総理大臣の子供として生まれるのと、難民の子供として生まれるのでは、環境は全く違うのは事実。正直、生い立ちで人生の半分以上は変わるかもしれない。

男女の性別だって差はある。

一緒に勉強したり、スポーツをしたりする意味では男女平等でいいけど、やはり男には男、女には女の世界はある。

男だけで真剣に戦っている場面で「○○さん」とか敬称つけて呼び合うなんてありえない。呼び捨てで十分なんだ。

サッカーにしても、相手がファウルをしようとも、ハンドをしようとも、審判がゴールという判定を下せば1点が入る。取られた側がいくら食い下がったところでゴールが取り消しになることはないし、勝敗が変わることもない。

そういう理不尽さを理解したうえで、前向きに取り組んでいけるかどうか……。

そこで、人間の価値は決まってくると俺は思う。

俺も、これまで理不尽なことを山ほどやってきた。

学園の初期の頃は、静岡から久能山の海岸まで選手を走らせるなんて日常茶飯事だった。今は久能山のあたりはいちご狩りのメッカになっているけど、昔は砂浜で海岸線が何キロにも渡って広がっているところだった。体力トレーニングをやるために週1回は行って、マラソンやダッシュを繰り返したけど、選手が半べそをかこうが泣き言を言おうがお構いなしだった。何か反抗的なことをしてきたら、竹の棒でぶっさらっていた。

当然、水なんか飲ませなかった。みんなトイレや顔を洗いに行くふりをして飲んでいたけど。それをこっちも分かって飲ませていた。そのくらいの許容力は持っていたつもりだ。

宮原真司がちょうどキャプテンの時には、三島から選手を歩いて帰らせたこともある。選手権の静岡県予選直前の練習試合で、日大三島と予行練習のつもりでやらせたら、1－3で負けた。その戦いぶりを見た俺は頭に血が上って、「お前ら、ここから学校まで歩け」と言い放ち、そのまま車で先に帰ってしまったんだ。

高校生たちは三島から歩き出したけど、一晩では到底、帰りつける距離ではない。お寺の境内で野宿をして、翌朝5時くらいに起きて、富士川近くの浜辺を歩いて、最終的には翌日たどり着いたんだ。さすがにそんな状況だから、父兄も学校に集まってきて、結構な騒ぎになったけど、俺にかみついてくるような親はいなかった。

今なら大問題になっているところだろうけど、昭和の頃は、清水東でも清商でもどこでもこれに近いことはやっていた。

そこまでして、根性と体を鍛えていたんだ。

子供というのは突き放さなければ強くならない。

どんなに理不尽な状況でも、強く逞しく戦えるような人間にしたければ、指導者も親もある時は〝突き放す〟という選択をしなければいけないんだ。

「獅子は我が子を千尋の谷に突き落とす」

昔のことわざにこういう言葉がある。

獅子は生まれたばかりの子を深い谷に落とし、這い上がってきた生命力の高い子供のみを育てるという言い伝えの「獅子の子落とし」から転じて、本当に深い愛情をもつ相手にわざと試練を与えて成長させることを意味している。

子供というのは、甘やかさないことが肝心。

俺も息子がいるけど、手取り足取りやってあげたことは全くない。

そもそも息子とは親子いう感覚はないし、「勉強しろ」なんて一言も言ったことはない。

「勉強しろ」と言われる子供ほど勉強しないから。

そんな俺が、学園に入ってくる親に課した「子育て五ヶ条」というのがある。

それが、次の通りだ。

一、子供に期待をかけるな。
一、怒る時は厳しく。
一、子供の意志を尊重せよ。
一、なぜかを考えさせよ。
一、社会に出たらつき放せ。

俺から見たら、ごく普通のことばかりだけど、最近の親にはなかなか難しいみたいだ。でも、よく考えてみてほしい。

昔の日本では、15歳が成人式だった。

その時点でちょんまげを結って、「立志」という大人になるための儀式をやっていたんだ。

現代社会でも、成人式を18歳にする動きが進んでいるけど、そうなると18歳から酒もタバコも認められるようになる。その分、早い段階からきちんとした大人の振る舞いができるようになる準備をしなければいけない。

小学校6年生くらいから目標に向かって努力する環境を作っていかないと、間に合わないんだ。

今の日本では、60パーセント以上の子供たちが「この国は将来、豊かにならない」「夢がない」と回答している。他の国から見れば考えられないほど悲観的だ。

そういう子供たちが力強くチャレンジしていくように仕向けるためにも、親が子供を突き放して、自分の足でしっかり立って、未来を切り開いていけるような逞しさを身につけさせないといけないんだ。

この国はあれもダメ、これもダメというのが多すぎる。

木登りもブランコも、運動会の騎馬戦も棒倒しもダメなんてあり得ない。

「組体操は骨折するからやらせないでください」と親が言ってきて、「はいそうですか」と受け入れる学校なんて馬鹿げている。

全ては、先生の責任逃れでしかない。

生きるということは、積極果敢に挑戦することであり、奪い合うことなんだ。

何もかもが平等で平和なんていうことはない。

理不尽を知らずに生きていけるほど、人生は甘いものじゃない。

そこは、強く言っておきたいところだ。

指導者と選手と言えども一人の人間同士
真っ直ぐな目線で向き合え！

小学生や中学生がいじめを苦にして自殺するという事件は、この時代、枚挙にいとまがない。

俺が教えてきたチームも、そこまで陰湿ではないにしろ、いじめのような出来事は確かにあった。

下手な選手、足の遅い選手は、どうしてもバカにされがちだ。

俺自身も子供を発奮させるために、「バカ、ヘボ、もたもたしてんじゃねえ」「もっとちゃんとできないいないのか」といった言葉を口にすることはある。

それで、その子が「いじめられた」と泣いたり、苦にしたりするなら、俺はこうやって励ますよ。

「お前、そんなふうに泣くなら、空手を習ってこい」

「しばらく練習を休んで、空手を習ってきて、いじめるやつをぶっさらえよ」

「今度、こいつに空手を習わせるから、お前らみんなでいじめないで、1対1で勝負しろよ」

普通の教師だったら、いじめたやつを呼び出してガミガミ説教して、「2度とそんなことはやるんじゃない」と頭ごなしに言うだろう。

だけど、俺は1人ひとりの顔や姿勢、性格をよく見て、対応する。

冗談交じりに言うと、場が和むこともあるだろうし、いじめられているやつも、いじめているやつも、深刻な関係にならないで済むかもしれない。

自分が指導者だからって、大上段から構えて子供を叱ったりすれば、逆効果になることも少なくないんだ。

相手が男だろうが、女だろうが、年上だろうが、子供だろうが、誰とでも自分をさらけ出して、対等に付き合うというのが俺の流儀。それを相手が受け入れてくればいいし、離れていくやつは仕方ない。

ある意味、「来る者は拒まず、去る者は追わず」というのが、井田流だ。

ただし、指導する立場にいる以上、子供は平等に扱うという鉄則は守っているつもりだ。

子供たちの様子を見ながら、いろんな場面で声をかけるようにしている。

「お前、昨日はよかったぞ」

「ケガはどうだ？　よくなったか？」

「風邪ひいたんじゃなかったのか、大丈夫か？」

こうやってコミュニケーションを取っているんだ。

子供の方も、こっちがしっかり見ていることが分かれば、きちんと向き合ってくる。ストレスがあったり、練習に不満があったり、誰かをいじめたりしているやつは、すぐに顔や態度に出る。それをこっちが感じ取って、向き合ってやれば、自殺や暴力沙汰といった大事に至る前に解決できるはずだ。

そういうアットホームな雰囲気を、俺は学園で作ってきたつもりだ。そのDNAを引き継いだ指導者たちも、いい伝統を理解し、今に生かしてくれていると思う。

前にスタッフを集めて飲み会を開いた時も、順天堂大学から2016年春に川崎フロンターレに入ることが決まっている長谷川竜也も飛び入り参加してきたけど、指導者とOBの関係はそれくらい近い。人と人との関係を大事にしてきたから、教える側と教えられる側の垣根を超えた人間関係が構築できる。

それは、俺自身にとっても大きな財産になっている。

いじめ問題について、1つ付け加えさせてもらうと、いじめなんていうのは強いチームであればあるほど起こりにくいものだ。

強いチームはみんな1つの目的に向かって熱く燃えている。勝利とか自分自身のレベルアップに選手個々が集中している、人のことをいじめている暇があるなら、その時間を自己研鑽に当てて、すごい選手になりたいと考えているんだ。

弱くてろくでもないチームには、いじめる時間も余裕もある。くだらない暇が多すぎて、向かうものが明確になっていないから、そういうことになる。

先生がトロくて、きちんとまとめられないと、学校や部活もバラバラになる。

そういう無駄な時間を作らないように、目標設定をきちんとすること。そして指導者は子供たちとしっかりと向き合うこと。

それを忘れてはいけないと思う。

真剣さのみが人を人とし、努力と汗のみぞ天才を作る

俺が最初に魅了されたペレを筆頭に、ベッケンバウアー、マラドーナ、そして現在世界トップで活躍しているクリスティアーノ・ロナウド、メッシ、ネイマール……。いつの時代にもスーパースターはいる。

偉大な選手たちを、多くの人間たちは「天才」と言う。

だけど、天才というのは、生まれ持った才能だけで天才になれるわけではない。

彼らはつねにサッカーと真摯な姿勢で向き合い、少しでも自分を高めようと考え、足を止めることはない。

「陰日向なく努力すれば、必ず結果は出る。神様は見ている」

「努力は必ず報われる」

俺は選手たちに、こんな言葉をかけ続けてきた。

サッカー選手というのは、努力によってある程度、才能が開花する。その努力の仕方

というのは、しつこく徹底的にやれるかだ。多くの人間が「俺はもう無理だ」と言って、途中で諦めてしまいがちだけど、同じユース年代を見るとブラジルやアルゼンチンの選手は全然違う。

たとえばブラジルは、18歳までが勝負だから、もう本当に必死になってやる。プロになればステータスとお金を手に入れることができるから、どんな苦労も惜しまないし、自分の人生すべてを賭けてプレーしている。日本の子供みたいに誘惑や逃げ道に妥協して、遊びの方に逃げることはないんだ。

真剣さのみが人を人とし、努力と汗のみぞ天才を作る。

それが、俺の指導のモットーだ。

努力の意味を誰よりもよく理解し、実践してきた男が、俺の教え子にもいる。

その筆頭が、48歳まで現役を続けているカズ（三浦知良）だ。

ヤス（三浦泰年）とカズ兄弟のことは、父親と地元の同級生だったこともあって、幼稚園児の頃から知っている。

正直言って、10代のカズに素質の大きさを感じることはなかった。足は遅いし、ジャンプ力もないし。そういう人間が命がけでサッカーにまい進している。

あいつは本当に「努力の天才」だと痛感させられる。

学園には1年しかいなかったから、直接指導した時期は短かった。そんなカズが高1の11月頃、突然、こう言い出した時には、本当にビックリさせられた。

「高校を辞めて、ブラジルに行きたい」と。

非情だと思いながらも、俺はハッキリこう返した。

「99パーセントムリだ。行ったって無駄だよ」と。

そう言ったのも、自分が何度もブラジルに行って、死ぬ気で頑張っている選手を山ほど見てきたから。ブラジルでサッカー選手になることがどれほど難しいことか。日本人が相手にされていない環境を肌で感じていたから、あえて苦言を呈したんだ。

それでも、カズは学校を中退し、ブラジル行きを強行した。

俺に厳しい言葉をかけられたことで「1パーセントでも可能性があるのなら頑張ります」と逆に心にスイッチが入ったらしい。

母親から「あんたなら大丈夫よ」と言われたのも、大きな力になったようだ。

カズはジェベントスへ留学し、キンゼ・デ・ジャウー、サントス、パルメイラス、マルバラ、クルベ・ジ・レガタス・ブラジル、クリチーバなどさまざまなクラブを渡り歩き、プロの夢をつかんだ。

Jリーグ発足を3年後に控えた90年の夏、あいつは帰国することになるが、それまでの8年間に、俺は2〜3回、カズの練習を現地まで見に行った。

10代だった頃は、まず朝練をやって、午後も学校の授業が終わってから練習をして、夜は22時くらいまでサロンフットボール（フットサル）に精を出していた。そういう長時間練習を経て、カズの足技は学園にいた頃とは比べものにならないほど上達していた。

筋トレも欠かさずやっていた。高1の時はガリガリのやせっぽっちだったのが、腹と胸の筋肉が洗濯板みたいになっていた。

まさに努力の積み重ねだとしか言いようがなかった。

そういうカズの実情を知って、俺は向こうから毎月、手紙が来るたびに1万円ずつ入れて送金したんだ。

プロの一歩を踏み出したとはいえ、有名になるまではそんなに稼げない。ブラジルのサッカー界というのは上下の序列や格差が凄まじい。それを理解していた俺は、少しでも生活費の足しになってくれればいいと思って、そうしたんだ。

「ありがとうございます。大事に使っています」

カズは毎回のようにこう書いてきていた。少しでも俺の気持ちが届いたなら嬉しいなというのが、当時の正直な気持ちだった。

逞しくなり、一皮もふた皮も剥けたカズが読売クラブ（現東京ヴェルディ）に戻ってきて、「日本をワールドカップに連れていく」と本気で言い出したのは、当然のなりゆきだった。ブラジルに何度も通ってワールドカップに出ることの意味と難しさをよく分かっていた俺は、あいつならその夢に向かって努力し続けられると思った。

実際、カズやブラジルから帰化したラモス（瑠偉＝FC岐阜監督）のように、ワールドカップを真剣に捉え、そのために全てを捧げようとする選手がいなければ、日本は98年フランスワールドカップ初出場を果たせなかった。彼らの貢献度はとにかく大きかったんだ。

そのカズを、岡田武史がフランス大会の開幕直前に落とした時は、怒り心頭に達した。岡田とは3年間、一切、口を聞かなかったくらいだ。

カズは日本で最初にワールドカップに出たいと言った最も重要な選手。それを岡田は分かっていたはずなのに、自分の監督としての統率力を際立たせるためにカズと北澤（豪＝現解説者）を外した。それは指揮官としての1つのやり方かもしれないけど、俺はカズの身内として絶対に許せなかった。

「お前、バカ野郎」と直接、本人にも文句言ったことがある。

のちに岡田がコンサドーレ札幌で監督をやるようになってから、俺が向こうに行った時「すすきので酒飲もう」と呼び出して、話をしたんだ。

「俺には俺の方針があったから」と岡田は説明していたけど、日本サッカーの歴史を切り開いて、Jリーグの発展にも大きく寄与した人間を補欠でもいいから残すのが普通じゃないか。

初戦のアルゼンチン戦（トゥールーズ）でバチィストゥータのゴールで負けた時だって、カズがいれば、相手の言葉も理解できるし、試合中にどんな指示が出ているか、何を狙っているかを理解し、岡田や他のコーチに伝えることもできたはずだ。

それだけリスペクトされてしかるべきなのが、カズという男だ。

50歳近くなった今もサッカーにしがみついて頑張っているけど、あいつより才能があるやつは本当にいっぱいいる。

それでもボールを蹴ることを諦めないで、向上心を持って毎日を送り続けている。

努力と汗のみぞ天才を作る。

この言葉が誰よりも相応しい人間だ。

俺は最大級の賛辞を送りたい。

Column 教え子たちからのメッセージ

昭和58年度卒

三浦 泰年

1965年生まれ。地元・城内FCでサッカーをはじめ、高校時代は静岡学園高校でチームの中心として活躍し、17歳のときには全日本ユース代表にも選ばれる。卒業後は、ブラジル・サントスで武者修行をしたのち、読売クラブに加入。Jリーグ発足時は清水エスパルスでプレーし、以後数々のクラブを渡り歩き、2003年に現役引退。引退後は、指導者としての経験を積み重ねていき、東京ヴェルディ、チェンマイFC（タイ）などの監督を歴任。

感謝しかない井田コーチの「生涯一指導者」という生きざまに憧れる

井田コーチとはウチの父親が静岡高校の同級生だったこともあり、僕とカズ（三浦知良）は小さい頃から関わりがありました。幼稚園の送り迎えをしてもらったのは覚えていないけど、そんなこともあったようです。小・中学校時代は城内FCで過ごしましたが、代表をやっていた叔父（納谷義郎氏）が井田コーチと同じ志を持っていて、「個人技主体のサッカーをやるんだ」と毎晩のように2人で熱く語り合っていました。今でこそ個人技のサッカーは珍しくないけど、当時は異端と位置づけられる存在。そこでプレーした僕らはまさに「学園予備軍」だった。ハッキリ言って、井田コーチのために、学園のために、サッカーをやってきたような感じでした。

自分が学園のサッカーに強い憧れを持っていたのは、紛れもない事実です。昭和51年度の選手権準優勝、53年度の2度目の出場を目の当たりにし、カズと2人で高校サッカーのテーマソング「振り向くな、君は美しい」を流して、その瞬間にテレビ画面に流れていた映像の真似をすることもあったくらいでした。だから、実際に学園に入れた時はメチャクチャ嬉しかった。自分が入ったのは商業科でしたが、ある意味「スポーツ科」と言ってもいいような扱いだったんで、3年間サッカーに集中できた。アッという間の3年間だった気がします。

学園名物の朝練は6時15分のクーパー走からのスタート。1年生の時はグラウンドにトンボをかけないといけないんで、5時に起きて学校へ行き、整地作業をしながら寝ていたこともありました。井田コーチは5時半からランニングしていて、「なんでお前らは、俺より遅いんだ」と言われたこともあります。走りが終わって、リフティングを始めた頃に明るくなってくる感じ。インステップ、インサイド、アウトサイド、もも、ヘディングの5種類を5カ所でやりながら、時間制限のある中、50m移動するようなメニューが中心でしたが、本当に一生懸命でした。授業の後も夜8時くらいまで練習するのは日常茶飯事。まさにサッカー漬けの日々でした。

そんな高校時代、コーチにサッカーノートを出すと、決まって書かれている言葉がありました。「努力は必ず報われる」と。

結局、僕らは3年間、一度も高校総体も選手権にも出られず、高校時代は努力が報われなかった。当時は清水全盛期。清水東には健太(長谷川=現ガンバ大阪監督)、大榎(克己=清水エスパルス前監督)、堀池(巧=現順天堂大学監督)の三羽ガラスがいて、彼らの追っかけからは「大榎さんをいじめないで~」と言われたり、坊主頭だった僕らに向かって「何、あのハゲ」と反旗を翻されたりしましたけど、最後の最後まで彼らに全国切符を持っていかれました。

その後、僕はブラジルに行ってプロになり、指導者になったわけですけど、そうやってサッカーに向き合う時間が長くなればなるほど、その言葉が自分にとって非常に重要なものになりました。

プロになり、日本代表入りも果たすことができた僕は、周りから見ると「報われた人生」なのかもしれない。でもそれ以上に、一つの目標に向かって努力することの大切さが分かったんです。その言葉が必要不可欠になった時、自分はもう報われているんじゃないか。そう思えるようになりましたからね。

カズも井田コーチに努力を教わった1人だと思います。

僕が2年の時、1つ下のカズが「高校を辞めて、ブラジルへ行きたい」と強い決意を口にしました。それを聞いて、弟を後押ししようと思った僕は、カズと一緒にコーチのところを訪ね、「ブラジルへ行かせてやってほしい」とお願いしました。

「99%、ムリだ」

それが、コーチの答えでした。それでもカズは決心を変えなかった。

「1%でも行きたい」と意思を通したんです。

そのやり取りを見ていて、僕は井田コーチの親心を感じました。普通なら「100%ムリだ」というところを、「99%」と言ったのは、「1%の可能性がある」ということを言いたかったのかなと思いました。その可能性に賭けて、誰よりも努力したカズは、日本のレジェンドになった。48歳まで現役を続けている選手なんて、後にも先にもカズ1人ですよね。

それだけ努力の大切さ、サッカーの楽しさを心底、知っている。そのきっかけを与えた井田コーチは「サッカーを長く続ける選手を作れる第一人者」と言っても過言ではないと思います。学園出身で30代半ば以降まで現役を続けている選手は少なくないですから。

カズからコーチに手紙が来るたび、お金を送っていたという話は正直、知りませんでした。でも井田コーチは僕にもお小遣いをくれたことがあります。

それはユース代表候補に選ばれた高校3年の時。ユース代表がデュッセルドルフで合宿をしてから、クロアチアのリエカの国際大会に参加することになっていて、その選考合宿に僕が呼ばれたんですが、コーチは「お前は絶対にムリだ」と言うんです。

そう言われると自分も奮起して、候補合宿ではかなりガンガンやりました。でも、戻ってきた後に学校に届いたスポーツテストの結果が悪かった。

「おい、ヤス、お前の結果はまるでラジオ体操だな。1と2ばっかりだ。絶対に代表に選ばれるわけない」

こんな皮肉を言われたのをよく覚えています。

「でもサッカーの方は大丈夫ですから」と僕が反論すると、コーチは驚くべきことを言ってきたんです。するとと井田コーチは「じゃあ、もし入ったら、餞別で10万円くれてやるから」と。

最終結果は合格。代表遠征参加が正式に決まりました。井田コーチは試合会場の藤枝東のグラウンドで「ヤスがユース代表になったから10万円選別だ」とみんなの前で大金を渡してくれました。本当にそういう約束を守るのが井田勝通という人。心から感謝しています。そういう男前のところは尊敬しますし、モチベーションを上げるのに長けた人だなとしみじみ感じます。

プレー面に関しても、コーチはほとんど細かい指示をしませんでした。試合の時のフォーメーションや選手の配置は決めますけど、試合が始まってからの判断はピッチに立っている僕ら選手に任せていました。だから、高校3年の時に言われたのは1つだけ。

「ヤスさん、冷静に」。本当にそれだけでした。

同い年の平岡（和徳＝現熊本大津高校監督）がいた帝京に古河のフェスティバルで勝った時にも「学園、メチャ強いな。それに、お前のところの監督は面白いな。お前のこと『ヤスさん』って呼ぶんだ」と言われた。当時、選手をさんづけで呼ぶのが流行っていただけなんですけど、そういう行動を一つ取っても、普通の高校サッカーの監督とは違いましたね。

井田コーチは選手を1人の人間として尊重し、真正面から向き合おうとしたから、戦術や約束事、規律でがんじがらめにしなかったのかもしれない。選手へのアプローチは上手だなと思いました。

その頃から30年以上の月日が経過していますが、井田コーチは今もピッチに立って、小・中学生にテクニックの重要性を教え、徹底的にリフティングやボールコントロールを叩き込んでいる。そのバイタリティは想像を絶します。生涯一指導者という生きざまを貫いているのは、やっぱり憧れます。

コーチには感謝しかありません。ただ年齢も年齢なので、月並みですが、体に気つけてほしい。それを伝えたいですね。

本気になればできる

おわりに

自分のスタイルを徹底して貫く

世界に通用する選手はどうしたら生まれるのか……。

それを追求し続けて、あっという間に50年が過ぎ去ってしまった。

結果的にJリーガーを63人送り出すことには成功したが、自分の指導者人生は苦難の連続だった。

すでに話した通り、自分のやり方には、熱心について来る者もいれば、真っ向から批判する者もいた。

俺だって人間だから、他人から反旗を翻されれば、頭にも来るし、落ち込むことだってある。酒を飲みながら、自問自答した夜がどれだけあったか分からない。

それでも、俺のDNAを引き継いだやつはちゃんといる。

2015年の学園がまさにそうだった。

彼らは、最大の目標だった選手権出場を惜しくも逃してしまった。11月の静岡県予選準決勝で清水桜が丘に0－1で苦杯を喫したんだが、学園はシュート17本、桜が丘はわずか1本。その1本でやられた。

正直言って、勝負の世界は厳しい。だけど、今年のチームも俺の目指してきたボールを支配して、相手を凌駕するスタイルをきちんとピッチで表現していた。

監督の修も、ヘッドコーチの興龍も、その方向性をきちんと貫いてくれていた。だから、俺は全然、心配していない。少なくとも学園は、自分が現場から完全に離れた後も未来永劫、そのスタイルを継続していってくれると確信している。

学園のように、独自性や独創性を貪欲に追求しようとする指導者が、これからもっともっと増えてくれることを、俺は強く願っている。

その原点として、忘れてはならないのが、日本人特有のメンタリティだ。

つまり「大和魂」である。

それを自分に改めて伝えてくれたのが、2015年に亡くなられた日本サッカーの父・デットマール・クラマーさんだった。

自分が銀行を辞めて受講した第2回コーチングスクールで、クラマーさんは主任を務めていた。

そこで、耳にした話は、今も忘れられない。

「日本には『大和魂』という素晴らしい概念がある。それを大切に指導しましょう」と。

当時、『大和魂』という言葉は古い感覚で、あまり使われていなかった。今もそうかもしれない。だけど、ドイツ人がわざわざ日本人に伝えてくれるなんて、なかなかあることではない。俺の心には強烈に響いた。

ドイツ人にはゲルマン魂があり、彼らは最後の最後まで勝負を捨てずに戦い続けるが、そのメンタリティが日本の大和魂に似ていたから、クラマーさんはそんな話をしてくれたのかもしれない。

いずれにしても、それぞれの民族には固有の文化・慣習があり、思想哲学がある。その特性を生かさなければ、サッカーは強くならない。ブラジルでも、アルゼンチンでも、サッカーは国民性を色濃く反映している。その重要性を俺は頭に刻み込んで、ここまでの指導者人生に生かしてきたんだ。

クラマーさんは、こんな話もしてくれた。

「サッカーの指導を通じて良い人間、つまり紳士をつくることが大切だ」

「指導者は一生勉強しなければならない」

「魅力的な指導者になりなさい」

こうした言葉の数々も、俺の指導哲学の真髄になっている。

それだけのインパクトを日本サッカー界に残された方が逝去されたというのは、本当に残念だ。改めて、心からご冥福をお祈りしたい。

クラマーさんもある意味、生涯をサッカーに捧げた方だったが、俺自身もそうありたいと考えている。

自分に「引退」という二文字などない。70代半ばを迎えた今も、青春真っ盛りだと思っている。

同世代の高校サッカーの監督たちは次々と勇退しているが、俺にはそんな花道は必要ない。

とにかく、若いやつらに言いたい。

「俺をジジイ扱いするんじゃない」と。

子供と現場で育成するこの仕事に、終わりは決してないのだから。

2015年11月　井田　勝通

静岡学園高校サッカー部戦績（井田監督時代）

昭和47年12月	井田勝通サッカー部監督就任	
昭和49年2月	静岡県高校サッカー新人戦	優勝
昭和50年10月	三重国体 少年男子の部（井田勝通監督）	優勝
昭和51年11月	全国高校サッカー選手権大会（静岡県予選）	優勝
昭和52年1月	全国高校サッカー選手権大会（全国大会）	準優勝
6月	インターハイ予選 静岡県大会	準優勝
6月	東海総体	優勝
昭和53年11月	全国高校サッカー選手権大会（静岡県予選）	優勝
昭和54年1月	全国高校サッカー選手権大会（全国大会）	2回戦敗退
6月	インターハイ予選 静岡県大会	準優勝
6月	東海総体	優勝
昭和55年2月	静岡県高校サッカー新人戦	準優勝
昭和56年2月	静岡県高校サッカー新人戦	準優勝
昭和58年2月	静岡県高校サッカー新人戦	優勝
6月	インターハイ予選 静岡県大会	準優勝
6月	東海総体	優勝

	11月	全国高校サッカー選手権大会（静岡県予選）	準優勝
昭和59年	2月	静岡県高校サッカー新人戦	準優勝
昭和61年	2月	静岡県高校サッカー新人戦	優勝
	6月	インターハイ予選 静岡県大会	準優勝
	6月	東海総体	準優勝
昭和63年	2月	静岡県高校サッカー新人戦	優勝
平成2年	2月	静岡県高校サッカー新人戦	準優勝
平成4年	11月	全国高校サッカー選手権大会（静岡県予選）	優勝
平成5年	1月	全国高校サッカー選手権大会（全国大会）	ベスト8
平成6年	11月	全国高校サッカー選手権大会（静岡県予選）	準優勝
平成7年	1月	静岡県高校サッカー新人戦	優勝
	9月	スルガカップ静岡県ユースリーグ	優勝
	11月	全国高校サッカー選手権大会（静岡県予選）	優勝
平成8年	1月	全国高校サッカー選手権大会（全国大会）	優勝
	9月	スルガカップ静岡県ユースリーグ	優勝
	11月	全国高校サッカー選手権大会（静岡県予選）	優勝
平成9年	1月	全国高校サッカー選手権大会（全国大会）	3位
	9月	スルガカップ静岡県ユースリーグ	優勝
	11月	全国高校サッカー選手権大会（静岡県予選）	準優勝
平成10年	2月	静岡県高校サッカー新人戦	優勝

	11月	全国高校サッカー選手権大会（静岡県予選）	準優勝
平成11年	2月	静岡県高校サッカー新人戦	優勝
	6月	インターハイ予選 静岡県大会	準優勝
	6月	東海総体	優勝
	8月	高円宮杯全日本ユースサッカー選手権（U-18）大会	1回戦敗退
	11月	全国高校サッカー選手権大会（静岡県予選）	優勝
平成12年	1月	全国高校サッカー選手権大会（全国大会）	ベスト8
	2月	静岡県高校サッカー新人戦	準優勝
	3月	東海高校サッカー新人戦	優勝
	11月	全国高校サッカー選手権大会（静岡県予選）	準優勝
平成13年	6月	インターハイ予選 静岡県大会	準優勝
	6月	東海総体	優勝
	8月	高円宮杯全日本ユースサッカー選手権（U-18）大会	1回戦敗退
	11月	全国高校サッカー選手権大会（静岡県予選）	優勝
平成14年	1月	全国高校サッカー選手権大会（全国大会）	3回戦敗退
	2月	静岡県高校サッカー新人戦	優勝
	3月	東海高校サッカー新人戦	優勝
	11月	全国高校サッカー選手権大会（静岡県予選）	優勝
平成15年	1月	全国高校サッカー選手権大会（全国大会）	1回戦敗退
	7月	プリンスリーグ東海U-18 2003	準優勝

8月	高円宮杯全日本ユースサッカー選手権(U-18)大会	準優勝
平成17年 2月	静岡県高校サッカー新人戦	優勝
7月	プリンスリーグ東海U-18 2005	優勝
10月	高円宮杯全日本ユースサッカー選手権(U-18)大会	決勝ラウンド進出
平成18年 2月	静岡県高校サッカー新人戦	優勝
7月	プリンスリーグ東海U-18 2005	優勝
10月	高円宮杯全日本ユースサッカー選手権(U-18)大会	決勝ラウンド進出
11月	全国高校サッカー選手権大会(静岡県予選)	優勝
平成19年 1月	全国高校サッカー選手権大会(全国大会)	ベスト8
5月	インターハイ予選 静岡県大会	準優勝
7月	プリンスリーグ東海U-18 2007	3位
9月	高円宮杯全日本ユースサッカー選手権(U-18)大会	決勝ラウンド進出
平成20年 2月	静岡県高校サッカー新人戦	優勝
7月	プリンスリーグ東海U-18 2008	3位
9月	高円宮杯全日本ユースサッカー選手権(U-18)大会	予選ラウンド敗退

静岡学園高校出身プロサッカー選手

■昭和53年度卒
杉山誠（京都パープルサンガ）
森下申一（京都パープルサンガ）
■昭和55年度卒
松永英機（ガンバ大阪）
■昭和58年度卒
三浦泰年（ヴィッセル神戸）
向島健（川崎フロンターレ）
■昭和59年度卒
三浦知良（横浜FC）※三浦選手は高校1年で中退
■昭和61年度卒
北村邦夫（ガンバ大阪）
遠藤孝弘（アビスパ福岡）
■昭和63年度卒
鈴木正治（名古屋グランパスエイト）
内藤潤（ヴィッセル神戸）
■平成元年度卒
広山晴士（ヴェルディ川崎）
加藤正浩（横浜マリノス）
川口良輔（ジュビロ磐田）
水崎靖（セレッソ大阪）
■平成2年度卒
坂本義行（横浜フリューゲルス）
今藤幸治（ガンバ大阪）

■平成3年度卒
増田忠俊（大分トリニータ）
松山大地（コンサドーレ札幌）
橋本靖記（浦和レッズ）
■平成4年度卒
栗田泰治郎（水戸ホーリーホック）
佐藤栄達（ジェフユナイテッド市原）
大石信幸（横浜フリューゲルス）
望月学（清水エスパルス）
■平成5年度卒
山村博士（ガンバ大阪）
鈴木紀昭（清水エスパルス）
鍋田和理（柏レイソル）
■平成6年度卒
久保山由清（清水エスパルス）
向島満（名古屋グランパスエイト）
牧野直樹（ヴァンフォーレ甲府）
■平成7年度卒
森川拓巳（ロアッソ熊本）
石井俊也（ロアッソ熊本）
深澤仁博（アルビレックス新潟）
森山敦司（モンテディオ山形）
桜井孝司（コンサドーレ札幌）
村松勇輝（川崎フロンターレ）

塩川 岳人（徳島ヴォルティス）
■平成8年度卒
内藤 修弘（清水エスパルス）
倉貫 一毅（ガイナーレ鳥取）
坂本 紘司（湘南ベルマーレ）
飯塚 浩記（モンテディオ山形）
山崎 哲也（大分トリニータ）
■平成9年度卒
南 雄太（横浜FC）
大石 鉄也（川崎フロンターレ）
松田 和之（モンテディオ山形）
■平成10年度卒
小池 良平（大分トリニータ）
渡辺 誠（カターレ富山）
■平成11年度卒
菅原 太郎（グルージャ盛岡）
■平成12年度卒
櫻田 和樹（ザスパ草津）
■平成13年度卒
永田 充（浦和レッズ）
■平成14年度卒
谷澤 達也（ジェフユナイテッド千葉）
安藤 淳（松本山雅FC）
■平成15年度卒
小林 祐三（横浜F・マリノス）
松下 幸平（愛媛FC）
横山 拓也（愛媛FC）

■平成16年度卒
狩野 健太（柏レイソル）
中村 友亮（ヴィッセル神戸）
加門 亮兵（ファジアーノ岡山）
■平成17年度卒
杉山 力裕（清水エスパルス）
先崎 勝也（FC町田ゼルビア）
■平成18年度卒
杉浦 恭平（ベガルタ仙台）
國吉 貴博（カターレ富山）
枝本 雄一郎（藤枝MYFC）
■平成19年度卒
吉田 豊（サガン鳥栖）
吉野 峻光（セレッソ大阪）
大石 治寿（藤枝MYFC）
■平成22年度卒
大島 僚太（川崎フロンターレ）
星野 有亮（ツエーゲン金沢）
中西 倫也（カターレ富山）
■平成23年度卒
伊東 幸敏（鹿島アントラーズ）
福島 春樹（専修大学→浦和レッズ）
長谷川 竜也（順天堂大学→川崎フロンターレ）
木本 恭生（福岡大学→セレッソ大阪）
■平成24年度卒
木部 未嵐（松本山雅FC）

【※1】開幕前のJFL・J3のセミプロ契約選手は除く
【※2】（ ）内は15年11月現在の所属クラブ、またはJリーグにおける最終所属クラブです。

【著者】

井田 勝通

いだ・まさみち

1942年生まれ、旧満州出身。3歳で帰国後、静岡県焼津市などで育つ。サッカーは城内中学1年夏に始め、主にフォワード。静岡高校を経て慶應義塾大学へ進学。同大4年時に慶應義塾高校を指導し県大会決勝へ導いたのが指導者となるきっかけ。その後就職した銀行を退社しプロサッカー指導者の道へ。1972年12月に静岡学園高監督に就任し、全国高校選手権優勝1回準優勝1回、全日本ユース(U-18)選手権準優勝1回。2002年に創設された静岡学園中でも全国制覇を成し遂げた。これまでに育てたJリーガーは63人を数える。2009年3月監督を退任。現静岡学園中高サッカー部エキスパートアドバイザー。

【参考文献】

『高校サッカー年鑑』(講談社)

『プロ育てはオレにまかせろ!』(PHP研究所)

『フラタニティ』(静岡学園高等学校サッカー部後援会)

『谷田ー虎の穴・静学サッカー ー Facebook』

本書における選手の所属クラブは2015年11月現在、またはJリーグにおける最終所属クラブです。

構成　元川 悦子
装丁　渡邊 民人（TYPEFACE）
本文デザイン　ゴトウアキヒロ
写真協力　井田 勝通、佐藤 博之
編集協力　山本 浩之
DTP　アワーズ
編集　吉村 洋人（株式会社レッカ社）

静学スタイル
独創力を引き出す情熱的指導術

発行日　2015年12月17日　初版
2020年2月10日　第3刷　発行

著者　井田 勝通
発行人　坪井 義哉
発行所　株式会社カンゼン
〒101-0021
東京都千代田区外神田2-7-1 開花ビル
TEL 03（5295）7723
FAX 03（5295）7725
http://www.kanzen.jp/
郵便為替 00150-7-130339

印刷・製本　株式会社シナノ

ISBN 978-4-86255-321-8
Printed in Japan
定価はカバーに表示してあります。

本書に関するご意見、ご感想に関しましては、kanso@kanzen.jp まで
Eメールにてお寄せ下さい。お待ちしております。

高校サッカー三冠を制した
流経柏の名将がいま伝えたい
真の育成改革案

サッカー 育成改革論

本田裕一郎 著
1,600円＋税

日本サッカーを再建せよ!

プロ化から25年、日本のサッカー界は大きな分岐点を迎えている。良いところは残し、変えるべきところは変えながら、日本サッカーを変革するときが来た。真の〝ジャパンズ・ウェイ〟につなげるためにはどうすればいいか？　本書では、日本でもっともプロ選手を育ててきた流経大柏高校サッカー部の本田裕一郎監督が、改善すべき問題をあげながら1つ1つ提言していく。高校サッカー三冠を制した名将がいま伝えたい真の育成改革論とは？

怯まず、驕らず、溌剌と。
サッカーで「心の芯」を育てる
コーチング道

人の心を 耕す

黒田和生 著
1,600円＋税

育成のゴールは勝つことにあらず！

滝川第二高校を全国屈指のサッカー強豪校に育て上げ、W杯にも出場した岡崎慎司、加地亮を筆頭に日本代表選手を多数輩出してきた名将・黒田和生（前・台湾代表監督）が語る選手育成法。「怯まず、驕らず、溌剌と」をモットーに、いかなる指導を行い、選手たちと関わり、勝つためのチームづくりをしてきたのか――。指導者として、教育者として、黒田和生の“育成哲学”を解き明かす。現場のサッカー指導者、保護者、高校サッカーファン必読の書！

Life with Soccer by
KANZEN